BARONNE

TRÉPASSÉE

PAR

LE VICOMTE PONSON DU TERRAIL,

auteur des *Coulisses du Monde*, *l'Héritage d'une Centenaire*, etc.

3

PARIS,
BAUDRY, LIBRAIRE-ÉDITEUR

LA
BARONNE
TRÉPASSÉE.

A LA MÊME LIBRAIRIE, EN VENTE.

NOUVEAUTÉS DE 1850, 1851 ET 1852.

Le Vengeur du Mari, par Emmanuel Gonzalès........	5 vol. in-8.
Les Amours de Bussy-Rabutin, par Madame Dash..	4 vol. in-8.
Esaü le Lépreux, par Emmanuel Gonzalès.............	5 vol. in-8.
La Marquise sanglante, par Mme Dash..............	3 vol. in-8.
Taquinet le Bossu, par Paul de Kock...............	2 vol. in-8.
Les deux Favorites, par Emmanuel Gonzalès	3 vol. in-8.
La Tulipe noire, par Alexandre Dumas..............	3 vol. in-8.
Francine de Plainville, par Madame Bodin, roman de bonne compagnie entièrement inédit, complet, en......	3 vol. in-8.
Jean et Jeannette, par Théophile Gautier...........	2 vol. in-8.
La Maison Dombey père et fils, par Charles Dickens, traduction de Benjamin Laroche......................	2 vol. in-8.
Jeanne Michu, la bien-aimée du Sacré-Cœur...	4 vol. in-8.
Les Mystères de Rome, par Félix Deriège.........	7 vol. in-8.
Georges le Montagnard, par de Bazancourt........	5 vol. in-8.
Clémence, par Mme la comtesse Dash.................	3 vol. in-8.
Diane de Lys et Grangette, par Al. Dumas fils......	3 vol. in-8.
Les Confidences d'une Jeune Fille, par Falaize....	5 vol. in-8.
Salons et Souterrains de Paris, par Méry.........	3 vol. in-8.
André Chénier, par le même.......................	3 vol. in-8.
Mignonne, par Xavier de Montépin.................	5 vol. in-8.
Le vicomte Raphaël, par le même..................	5 vol. in-8.
Les Chevaliers du Lansquenet, par le même......	10 vol. in-8.
Geneviève Galliot, par le même....................	2 vol. in-8.
Un Roi de la Mode, 1re partie des Viveurs, idem.....	5 vol. in-8.
Le Club des Hirondelles, 2e partie des Viveurs, idem.	4 vol. in-8.

Pour paraître prochainement :

LES VIVEURS DE PARIS,

3e PARTIE.— LES FILS DE FAMILLE.

Les Coulisses du Monde, par le vicomte Ponson du Terrail.	
La Baronne trépassée, roman fantastique, par le même.	
Lion et Panthère, par le même.	
Les Nuits du Quartier Bréda, par le même.	
Les Cavaliers de la Nuit, par le même.	
Le Vengeur du Mari, dernière partie, par Emmanuel Gonzalès.	
L'Amour qui passe et l'Amour qui vient, par Paul de Kock, 1 vol. in-18, format anglais.......................	2 fr. 50 c.
Héva et la Floride, par Méry, 2 vol. in-18, format anglais..	5 fr.
La Guerre du Nizam, par Méry, 2 vol. in-18, format anglais..	5 fr.
L'Amant de la Lune, chef d'œuvre de Paul de Kock, 4 vol. in-18.	10 fr.
Taquinet le Bossu, par le même, 1 vol. in-18.........	2 fr. 50 c.

LA
BARONNE
TRÉPASSÉE

PAR

LE VICOMTE PONSON DU TERRAIL,

Auteur des Coulisses du Monde, l'Héritage d'un Centenaire, etc.

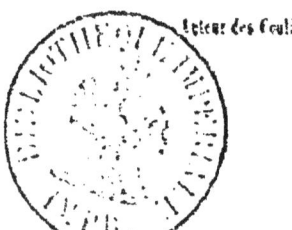

3

PARIS,
BAUDRY, LIBRAIRE-ÉDITEUR

De Paul de Kock, Alphonse Karr, Léon Gozlan, Mme la comtesse Dash, Dumas,
Karr, Gonzalès, Mme Camille Bodin, Théophile Gautier, Méry, etc., etc.

32, RUE COQUILLIÈRE, 32.

1853

Paris, Imprimerie de Paul Dupont,
rue de Grenelle-St-Honoré, 55.

XII.

Le baron la contempla une minute ainsi brisée et ployée sur son bras ; une minute il hésita entre le respect et la passion, puis, la passion l'emportant, il appuya sur le front mat de la jeune femme ses lèvres frémissantes.

A ce contact, elle tressaillit et rouvrit les yeux :

— Que faites-vous? dit-elle.

— Je vous aime, murmura-t-il.

— Laissez-moi...

Elle se dégagea brusquement et le regarda avec colère.

Alors il se mit à genoux, lui prit encore les mains et lui dit :

— Je vous aime tant... pardonnez-moi!

L'éclair d'irritation qui brillait dans son œil disparut. Elle regarda cet homme si fort, si admirablement trempé en face des périls les plus réels et les plus terribles; elle le vit humble et suppliant devant elle, — devant elle, tremblante et folle de frayeur, devant elle que la foudre épouvantait, que la pluie avait glacée, qui, seule, eût été dans l'impossibilité de fuir et même de faire quelques pas, tant l'orage l'avait impressionnée et pour ainsi dire pétrifiée...

Elle lui donna sa main, sa belle main tremblante et glacée, et lui dit :

— Je vous pardonne...

Il eut un mouvement de joie et répondit :

— Aimez-moi !

Un éclair passa si près d'eux en ce moment, que, de nouveau, elle se jeta dans les bras du baron.

Il crut à un aveu tacite et il effleura de ses lèvres les boucles en désordre de ses cheveux noirs.

Elle tressaillit comme la première fois ; comme la première fois, elle étouffa un cri, mais elle ne chercha point à se dégager de son étreinte.

— Un mot ! lui dit-il avec l'accent de la prière, un seul...

— Vous voyez bien que j'ai froid !...

Il la serra plus fort sur son cœur.

— Par grâce ! répéta-t-il, un seul mot !

— Mais... quel mot ?

— Oh ! vous le savez bien...

— Je vous jure...

— Dites-moi, dites-moi que vous m'aimez !

— Eh bien ! soupira-t-elle, soit...

Il frissonna d'espérance, son cœur faillit éclater.

— Soit, poursuivit-elle, monsieur le baron de Nossac, Gretchen vous aime...

Il jeta un cri.

— Vous l'avouez donc, s'écria-t-il.

— Mais quoi donc, s'il vous plaît ?

Et son accent redevint froid et bref.

— Vous l'avouez, que vous êtes Gretchen.

— Pas le moins du monde, reprit-elle avec un sourire ironique, j'ai voulu vous prouver à vous-même que c'était Gretchen que vous aimiez en moi.

Le baron rougit et frissonna. Il regarda cette femme, cette femme lui souriait avec la malice glacée d'un démon ; cette femme, affaissée un moment par la terreur, se relevait dédaigneuse et froide.

Et il n'avait pas le droit de se plaindre, car il venait de la froisser cruellement.

Elle se débarrassa du manteau et le lui jeta.

— Gardez-le pour Gretchen, dit-elle; je ne veux rien de vous.

— Si vous savez une prière, dit-il, faites-la.

Elle recula avec terreur.

— Faites-la ! reprit-il avec le sang-froid d'un révolutionnaire.

Elle recula encore.

— Vous voulez donc me tuer ! s'écria-t-elle.

— Oui, madame.

— Mais que vous ai-je fait?

— Rien.

— Alors...

Et elle lisait tant de colère et de détermination dans son œil, qu'elle se jeta à genoux et leva les mains en suppliant.

— Alors, continua le baron, je vais vous tuer et me tuer ensuite. Nous aurons pour tombeau cette vallée déserte, et pour fossoyeurs les vautours. Priez, madame...

— Mais... fit-elle, glacée et éperdue, que vous ai-je donc fait? Pourquoi voulez-vous me tuer?

— Parce que je vous aime.

— Et... dit-elle, si je vous aimais aussi, me tueriez-vous toujours?

— Oui, si vous me le disiez, car demain peut-être vous ne m'aimeriez plus.

Elle se releva joyeuse, lui passa ses bras autour du cou et lui dit :

— Tuez-moi, maintenant; tue-moi,... je t'aime!

Il leva de nouveau l'arme sur elle, mais l'arme lui échappa des mains et tomba sur le sol.

— Je ne peux pas! Je n'ai pas la force de te tuer...

Mais, après cette étreinte d'une seconde, la créole se dégagea, rougissante, et fit un pas en arrière.

— Monsieur, dit-elle, voulez-vous m'écouter ?...

Il frissonna. Les réticences de cette femme étaient terribles.

— Le voulez-vous? reprit-elle.

— Parlez, madame.

— Monsieur, j'ai vingt-sept ans; je suis veuve, j'ai cinquante mille livres de rentes... Si vous voulez que je vous aime, vous m'épouserez!

M. de Nossac faillit mourir de joie.

— Vous êtes un ange! s'écria-t-il.

— Un ange, non. Mais je serai votre femme dans huit jours.

Et comme l'orage s'apaisait, comme sur les collines brumeuses et la vallée grelottante la nuit jetait déjà son premier voile, elle ajouta :

— Venez, la pluie a cessé, la foudre se tait : rentrons.

Ils ne se souvinrent pas davantage du second cheval ; ils n'y songèrent pas.

Ils reprirent le chemin du château au pas, enlacés l'un à l'autre.

Et ce fut pour le baron une répétition de cette délicieuse promenade de la veille à travers les genêts d'or, les bruyères embaumées et sous les hautes coulées bretonnes, une promenade où la nature parlait au cœur par ses mille souffles. — Une seule chose était changée : l'idole !

La veille, Yvonnette s'appuyait sur lui. Ce jour-là, c'était la créole.

Quand ils arrivèrent au salon, quatre personne les attendaient, le comte et M. de Simiane, Yvonnette et Hector.

Hector avait l'œil chargé de colère;

il attacha sur le baron un regard enflammé.

Yvonnette pâlit en voyant la créole à son bras; puis un vif incarnat monta à ses joues, et une larme vint perler au bout de ses longs cils.

M. de Nossac aperçut d'abord le visage bouleversé d'Hector, et croisa son regard ardent. Un sentiment de joie féroce le prit, et il laissa errer sur ses lèvres un triomphant sourire.

Mais son œil, en quittant Hector, tomba sur Yvonnette.

Alors le baron pâlit et tressaillit à son tour, et il sentit le remords pénétrer dans son cœur.

Yvonnette leva sur le baron un regard de douleur résignée. Le baron tressaillit à ce regard, comme il avait tressailli déjà à la vue de ce visage pâli, et ce remords qui commençait à sourdre dans son cœur prit des proportions plus grandes.

Il s'approcha d'elle sans affectation et lui prit la main.

Elle retira cette main sans brusquerie, mais elle la retira,

— Pourquoi me boudez-vous? lui demanda-t-il tout bas.

La jeune fille pâlit, mais elle eut assez de courage pour répondre :

— Vous vous trompez, monsieur; loin de vous bouder, je vous sais, au contraire, un gré infini de nous ramener ma cousine saine et sauve.

— Monsieur le baron, dit le comte de Kervégan, interrompant l'entretien de

M. de Nossac et de la jeune fille, où vous êtes-vous réfugiés pendant l'orage?

— Sous un rocher, comte.

— Et c'est là le plus intéressant épisode de votre journée de chasse, je gage.

— Oh! mon Dieu, oui, dit simplement le baron.

— Pardon, baron, dit la créole d'une voix enchanteresse, vous oubliez le sanglier.

— Ah! oui, une misère...

— Forcé? demanda le comte.

— Non, dit-elle avec enthousiame, tué sur place!

— A coups de couteau peut-être! fit ironiquement Hector.

— Non pas, mon jeune seigneur, dit le baron jetant un regard de tendresse à la créole, je l'ai simplement étouffé.

Il n'y eut qu'un cri parmi les quatre personnes que le baron et la créole avaient trouvées au salon.

— Impossible! dit le comte.

— Plaisanterie! fit Hector, dont les dents grinçaient de colère.

— Quelle imprudence! murmura Yvonnette frémissante.

Le baron entendit ce mot et fut touché. Il eut un instant l'intention de se rapprocher de la jeune fille qu'il venait de quitter, de lui prendre la main et la remercier d'un regard. Mais la créole le prévint, en s'appuyant à demi sur son bras:

— Baron, dit-elle d'une voix adorablement languissante, voulez-vous me permettre de me faire votre Homère et de chanter vos exploits?

En toute autre circonstance M. de Nossac se fût excusé de bonne grâce; mais Hector était là, Hector qui, le matin, était aux genoux de sa cousine, lui baisait insolemment les mains, et lui jetait à lui, baron de Nossac, de petits regards pleins de triomphe et d'impatience. Aussi dit-il négligemment :

— Faites, madame, on est fier d'avoir un Homère comme vous, et dont les yeux sont si beaux : avantage que ne pouvait avoir l'Homère de l'antiquité, qui était aveugle.

La créole prit aussitôt sa lyre et raconta le combat chevaleresque du baron avec une finesse de détails, une chaleur de coloris, une vivacité d'images qui le firent tressaillir d'orgueil. Il fallait que cette femme l'aimât beaucoup pour se rappeler ainsi, faire ressortir les moindres incidents de cette lutte, et en parler avec un tel enthousiasme!

La physionomie d'Hector exprimait un dépit furieux.

— Eh bien! dit-il, si monsieur le baron veut recommencer demain, je ferai sa partie.

— Vous étoufferez un sanglier? demanda Simiane, jusqu'alors muet et soucieux.

— Oui, dit résolument Hector.

— Enfant, répondit la créole avec une tendresse maternelle un peu ironique, je vous en ferai venir un de Nurenberg. Il sera de carton, et vous pourrez l'étouffer et le torturer sans danger.

Hector pâlit et voulut parler, mais la colère et la douleur étreignirent sa gorge, et aucun son n'en put jaillir.

—Baron, dit alors le marquis, tu oublies une chose essentielle.

— Laquelle?

—C'est que M. le comte désire retourner à Kervégan, et qu'il serait bon que ton majordome nous fît servir le dîner.

—Retourner à Kervégan ?

—Oui, dit le comte.

— Il est nuit close.

— Bah ! les chemins nous sont familiers.

M. de Nossac jeta un regard suppliant à la créole.

Elle comprit ce regard et se hâta de dire :

— En effet, c'est peu rassurant de voyager la nuit.

— Les chemins sont sûrs, ma nièce.

— Et fangeux, mon oncle.

— Vous croyez?

— Il a plu.

— Merci! lui dit tout bas M. de Nossac. Puis il reprit tout haut:

— Ainsi vous restez, n'est-ce pas?

— Sans doute, si mon oncle le veut. Moi, d'abord, je suis horriblement nerveuse...

— En effet, l'orage vous effrayait et vous agaçait.

— Au dernier point; demain, par exemple, mon cher oncle, je suis toute disposée à partir de grand matin.

— Après déjeuner, dit le baron, je vous reconduirai.

— Soit.

— Monsieur le baron est servi! cria le majordome du seuil de la porte.

— M. de Nossac allait offrir son bras à la créole, mais Simiane le prévint.

Le baron se rejeta sur Yvonnette; mais Yvonnette prit le bras de son cousin, et M. de Nossac se mordit les lèvres.

— Eh bien ! dit tout bas Simiane, êtes-vous contente ?

— Pas encore.

— N'êtes-vous point assez vengée?

— Mais non.

— Vous le tuerez?

Elle sourit et ne répondit pas.

Le diner fut gai pour le baron et la créole, soucieux pour Simiane, triste pour Yvonnette, un supplice pour Hector.

M. de Nossac se retira de bonne heure.

Il avait besoin d'être seul, de causer quelques minutes avec lui-même, de prendre son front dans ses mains et d'étouffer les battements précipités de son cœur.

Sa nuit fut remplie de songes, son réveil tardif.

Qui donc a dit que l'amour ne dormait pas?

Le soleil pénétrait à flots sous ses rideaux quand il s'éveilla. Il sauta lestement à bas de son lit, ouvrit sa fenêtre, respira quelques minutes l'air du matin, encore imprégné des vapeurs orageuses de la veille, et sonna son valet de chambre pour se faire habiller.

Le valet parut une lettre à la main.

Le baron ouvrit précipitamment cette lettre et lut :

« Mon cher baron,

» Une nuit de sagesse m'a fait réfléchir
» sérieusement sur une journée de folie.

» Vous m'avez fascinée hier, et je vous ai
» réellement aimé une heure. Je crois,
» Dieu me pardonne, que dans un accès
» de fièvre et de frayeur je vous ai promis
» ma main.

» Ma main n'est pas libre, monsieur,
» j'ai promis à mon père mourant d'é-
» pouser son neveu. Il fallait qu'Hector de-
» vînt mon mari. Si je restais plus longtemps
» chez vous, vous m'aimeriez peut-être,
» et je serais coupable alors, au lieu d'ê-
» tre simplement étourdie comme j'ai été.
» J'enlève donc mon mari, que j'emmène
» avec son oncle et sa cousine à Brest, où
» nous allons nous embarquer sur l'*Espe-*
» *ranza*, qui fait voile pour les îles.

» Merci, monsieur le baron, de votre
» gracieuse hospitalité : je conserverai de
» vous un éternel et bon souvenir. Puis-

» siez-vous ne pas m'en vouloir et me par-
» donner mon étourderie. Adieu, Gret-
» chen vous consolera. Baisez mes deux
» mains et oubliez-les ensuite.

» Marquise de Bidan. »

M. de Nossac recula foudroyé, et la lettre échappa de ses mains.

Le baron demanda où était le comte de Kervégan. Le comte était parti pour Brest avec sa famille. Il ne trouva que le marquis qui dormait encore. Tous deux montèrent à cheval et coururent ventre à terre sur les traces des fugitifs, le reste du jour et la nuit suivante.

Mais l'orage avait détrempé les chemins, et la distance était grande.

A chaque relai de poste, à chaque village, ils apprenaient qu'une voiture était passée, il y avait quelques heures, courant vers Brest.

Enfin, au matin, vers huit heures, ils arrivèrent sur une petite élévation d'où l'on apercevait Brest et sa rade.

La chaise de poste avait toujours de l'avance sur eux. A midi ils entraient à Brest et couraient sur le port.

Un brick de commerce venait de déraper en rade, en courant ses premières bordées dans la haute mer.

Ce brick, ils demandèrent son nom; c'était l'*Esperanza*, le baron demanda une barque pour l'atteindre; mais on lui fit observer que le navire avait vent arrière, toutes voiles dehors, et que la chose était insensée.

Alors, se rattachant à une dernière espérance, le baron pensa que peut-être les fugitifs n'étaient point arrivés à temps pour embarquer, et que l'*Esperanza* était partie sans eux.

Il courut chez l'armateur du brick, se fit montrer le livre des passagers et y lut, la sueur au front, le nom du comte, de sa fille, et de son neveu.

La créole était perdue pour lui, comme Gretchen.

M. de Nossac eut alors un accès de désespoir et de délire qui lui fit garder le lit pendant plusieurs jours dans une hôtellerie de Brest, puis, cette crise passée, il demanda des chevaux pour retourner dans son château du Léonais. Mais le marquis, qui ne l'avait point quitté, s'y opposa et lui dit :

— Allons à Paris. Là seulement tu pourras t'étourdir.

FIN DE LA DEUXIÈME PARTIE.

TROISIÈME PARTIE.

L'hôtel de Nossac.

I.

Six mois s'étaient écoulés.

Aux dernières et chaudes journées de l'été, pendant lesquelles nous avons laissé le baron de Nossac prenant, à Brest, la route de Paris, avaient succédé les jours d'automne, puis l'hiver nébuleux, puis le premier frisson du printemps. C'était à la fin de Mars, le soir de la Mi-Carême.

La journée avait été tiède et pure pour le vieux Paris ; une foule bariolée et masquée avait parcouru les quais et les boulevards depuis le matin, pétillante de gaîté, riche de lazzis, émerveillée d'elle-même, et ayant à Longchamps, qui naissait alors, admiré avec cet étonnement naïf du Parisien, ce peuple si spirituel et si niais en même temps, la dernière perle de gelée miroitant au premier bourgeon des arbres.

Les statues du jardin des Tuileries, après avoir pleuré pendant quatre mois sur leur nudité, semblaient tordre voluptueusement, aux baisers du soleil, leur torse frileux.

On avait, sur le midi, laissé la cendre s'entasser sur les tisons de chaque foyer et le feu s'éteindre graduellement.

Les blanchisseuses de Paris s'étaient promenées dans les rues, en carrosse et en calèche, mises comme des dames de la cour; c'était leur droit ce jour-là, qui était leur fête.

Les dames de la cour avaient trouvé piquant de se déguiser en blanchisseuses et de gagner le grand et le petit Porcheron dans des carrioles d'osier dont les chevaux étaient pomponnés et enrubannés comme des rosières.

S. M. Louis XV, dit le Bien-Aimé, — alors un enfant de douze ans, brun, un peu pâle, les cheveux bouclés, les lèvres cerise, la main fine et belle, l'œil bleu et bien fendu, — S. M. Louis XV, disons-nous, n'avait point dédaigné de se mêler à la fête.

Elle était venue de Versailles, accompagnée de M. le duc de Bourbon, premier ministre ; de madame la marquise de Prie, maîtresse du duc et, pour lors, la véritable régente du royaume ; de M. de Villeroy, son gouverneur, et du jeune duc de Richelieu, colonel des Suisses, que ses fréquentes incarcérations à la Bastille sous feu le régent, sa complicité dans la conspiration Cellamare, et son intimité avec madame la duchesse du Maine et la coterie de Sceaux, avaient mis en grande faveur depuis la mort du duc d'Orléans. Le roi, arrivé la veille à Paris, avait couché aux Tuileries.

Le lendemain, il s'était montré sur les boulevards et à l'Hôtel-de-Ville, où messieurs les échevins et prévôts des marchands avaient donné un bal de jour.

Là, il avait dansé avec les plus jolies filles de la capitale, et quand, à cinq heures, le bal fini, il était remonté en carrosse pour prendre la route de Versailles, il avait trouvé sur son passage une foule enthousiaste et grisée de plaisir, qui l'avait salué des cris frénétiques de : Vive le roi !

Pendant que le roi dansait à l'Hôtel-de-Ville, une partie de la cour, les dames à la mode, les roués, les jeunes fous dansaient aux Porcherons et se mêlaient sans vergogne aux étudiants de l'Université et aux filles de l'Opéra, qu'on nommait alors *ces demoiselles*.

Le roi avait été le héros de l'Hôtel-de-

Ville, — un simple gentilhomme était celui des Porcherons.

Il est vrai que ce gentilhomme avait trente ans à peine, qu'il était beau, malgré son front pâle et la fièvre ardente de son regard, élégant de tournure, spirituel jusqu'à l'audace, magnifique jusqu'à la folie, et qu'il se nommait le baron de Nossac.

Le baron de Nossac, que nous avons laissé brisé, meurtri, sur la route de Brest à Paris, le baron de Nossac presque fou au départ de la créole, et qui était revenu à la cour pour s'étourdir.

Il y avait réussi.

Jamais, depuis six mois, on n'avait vu, soit à Paris, soit à Versailles, un gentilhomme plus magnifique, plus extravagant, plus spirituellement fou que lui.

Depuis six mois, il n'était bruit que des fêtes bizarres et splendides qu'il donnait, des excentricités quotidiennes de son esprit, de sa manière de vivre originale et sans nul précédent.

M. de Nossac était devenu l'Alcibiade de Versailles. Une seule chose lui avait paru manquer à sa gloire, un chien auquel il pût, comme le héros grec, couper la queue pour éveiller l'attention publique. Un de ses amis le lui avait fait observer, et incontinent, le baron avait juré de couper les oreilles à tous les ours du Jardin-du-Roi.

Ce qu'il avait exécuté avec ce sang-froid merveilleux, cette audace terrible qu'il avait déployée en Bretagne dans sa lutte corps à corps avec le sanglier.

Ce jour-là, M. de Nossac était déguisé,

comme la majeure partie de ses compagnons d'extravagance.

Tandis que chacun s'occupait, plusieurs jours à l'avance, de son déguisement, le baron avait trouvé le sien tout fait et n'y avait songé qu'une seule fois.

Une ambassade chinoise était arrivée depuis peu, composée de quatre mandarins de premier ordre, chargée d'offrir l'amitié du Céleste-Empire au roi de France.

La veille, l'ambassade avait été présentée à Versailles et reçue en grande audience du roi.

Le baron y assistait en sa qualité de colonel mestre-de-camp.

L'un des mandarins avait une robe clair de lune qui obtint un succès de fourire à Versailles, succès contagieux qui gagna Paris et excita les huées moqueuses des gamins et des polissons quand le carrosse du mandarin traversa les Champs-Élysées.

Dès lors le choix du baron fut fait. Il décida qu'il aurait une robe clair de lune pour le lendemain, une robe absolument semblable à celle du mandarin.

Une seule difficulté se présenta. On ne put trouver un tailleur qui la sût confectionner, ni un drapier qui possédât un seul coupon d'étoffe d'une nuance identique.

Le baron, cependant, tenait à son idée, — il voulait avoir, le lendemain, aux Porcherons, une robe couleur clair de lune.

— Prenez-nous la lune avec les dents, lui dirent ses fournisseurs, et, avec un morceau, nous vous ferons votre robe.

Le baron mit ses fournisseurs à la porte et ne se tint pas pour battu.

Le soir, les mandarins allèrent au spectacle, au Grand-Opéra, où l'on donnait alors la *Didon*, de feu le sieur Quinault.

Le mandarin à la robe clair de lune fut invité à visiter les coulisses, et on lui donna pour conducteur une danseuse dont les ronds de jambe avaient paru, durant la représentation, trouver le chemin de son cœur de Chinois.

Le mandarin, guidé par sa légère Ariane, s'engagea avec elle dans les couloirs obscurs, à travers maintes forêts de carton et au milieu d'une population de Phéniciennes et de Troyennes dont les minois agaçants compromirent plus d'une fois la gravité du lettré du Céleste-Empire.

Tout-à-coup une bascule joua, le sol s'entr'ouvrit sous son pied mal assuré, il poussa un cri et disparut.

Le mandarin était tombé dans le troisième dessous, sur une pile de matelas.

Le lendemain, aux Porcherons, l'étonnement fut général quand on vit le mandarin danser le menuet avec un loup sur le visage et sa robe couleur clair de lune sur le dos.

Puis, le mandarin ayant arraché son masque, les applaudissements retentirent, car on reconnut M. le baron de Nossac !

Qu'était devenu le vrai mandarin ?

Était-il demeuré dans le *troisième dessous?*

C'est ce que nul ne sut au juste. Cependant, parmi *ces demoiselles de la comédie,* quelques mauvaises langues prétendirent que l'Opéra avait un quatrième dessous... lequel était le boudoir de la danseuse.

Il y eut un diner de deux cents couverts aux Porcherons. Puis, ce diner fini et la brune tombant, on s'apprêta à regagner Paris ou Versailles.

Un groupe de jeunes et jolies femmes toutes masquées, de seigneurs à moitié gris, d'officiers aux trois quarts ivres, et de croquants enrichis qui étouffaient dans leurs habits brodés, se forma autour du baron.

Alors le baron prit chaque femme à part et lui dit à l'oreille :

— D'où êtes-vous, belle inconnue ? de la cour ou de l'Opéra ?

A celles qui répondaient avec indignation : « De la cour ! » il disait :

— Je donne un bal dans huit jours, je vous y attends !

A celles qui avouaient avec une orgueilleuse humilité qu'elles appartenaient aux coulisses, il soufflait tout bas :

— Ce soir, à minuit, chez moi, rue Saint-Louis, au Marais, on soupera. Silence !

Puis enfin, de même pour les hommes.

A ceux qui avaient été jadis de l'intimité et des fins soupers du régent, il disait :

— Ce soir, chez moi, on soupe.

Aux autres, il parlait du bal de la huitaine, comme il avait fait pour les dames de la cour, recommandant à tous un profond silence.

Ce qui fit qu'à peine il était remonté en carrosse et avait repris au g. ., , dans sa robe clair de lune, la route de Paris, que le silence fut si admirablement gardé, que les gens de la cour surent que les roués et *ces demoiselles* soupaient, la nuit même, chez le baron ;—et que *ces demoiselles* et les roués apprirent qu'il donnerait, dans huit jours, un bal dont ils seraient exclus.

II.

A minuit moins un quart, l'hôtel de Nossac était aussi morne, aussi solitaire que si, depuis un demi-siècle, aucun être humain n'en eût franchi les portes.

Aucune lumière ne brillait aux croisées, aucun carrosse ne stationnait dans les cours. La rue était déserte et silencieuse aux environs, et les paisibles bourgeois de l'île Saint-Louis dormaient profondément alentour.

Une chaise de poste arriva soudain au galop de quatre chevaux poudreux et essoufflés, et s'arrêta devant la grille. Un homme en costume de voyage en descendit.

C'était le marquis de Simiane, revenant de Saint-Pétersbourg, où il avait été envoyé quelques jours après son retour de Bretagne pour y remplir une mission diplomatique secrète.

Il fit sonner trois fois par son valet de chambre avant que la grille s'ouvrit.

Elle tourna enfin sur ses gonds rouillés

et sans qu'aucun être humain, maître ou valet, parût dans la cour.

La porte d'entrée s'ouvrit aussi mystérieusement.

Le marquis, toujours seul, pénétra dans un vaste vestibule mal éclairé, au fond duquel un vieux domestique attendait, morne et muet comme une statue.

— Oh ! oh ! pensa le marquis, ce pauvre baron serait-il mort ?

— Que désire monsieur le marquis? demanda le domestique qui le reconnut.

— Mais, dit le marquis, je voudrais voir ton maître. N'y serait-il point ?

— Il y est, monsieur le marquis.

Le domestique se leva, et, laissant à droite le maître-escalier qui montait aux grands appartements, il prit un escalier de service et conduisit le marquis à un petit boudoir, où le baron rêvait au coin d'un maigre feu, la tête dans ses mains, et couvert encore de sa robe clair de lune.

Le boudoir n'était pas mieux éclairé que le vestibule, et le marquis ne remarqua point les bizarres dessins de l'excentrique robe de chambre de son ami.

Ce qu'il remarqua, ce fut le visage pâle, l'œil fiévreux, l'air abattu, morne, souffrant du baron.

— Mon Dieu ! lui dit-il en lui tendant les bras, tu es donc malade ?

— Ah! c'est toi, dit le baron ; comment vas-tu ?

— Mais toi, tu es souffrant, malade, n'est-ce pas?

— Moi? du tout!

Et le baron fit un effort sur lui-même,

reprit un sourire plein de jeunesse et redressa galamment sa taille voûtée.

— Mon cher, dit-il, je me porte à ravir; je suis sain de corps et d'esprit.

— En es-tu bien sûr?

— Jolie question!

— C'est que, en arrivant, à six lieues de Paris, j'ai rencontré La Vrillière, qui m'a appris d'étranges choses.

— Que veux-tu dire?

— D'abord, que tu avais coupé les oreilles aux ours du roi.

— C'est vrai.

— Ensuite, que tu avais enlevé la fille d'un avocat au Châtelet, et que tu l'avais dotée et fait épouser à ton valet de chambre... à condition que, le soir de leurs noces, ils se sépareraient et ne se reverraient jamais.

— C'est encore vrai.

— Tiens, interrompit le marquis, tu as une singulière robe de chambre.

— C'est la robe d'un ambassadeur chinois...

Et le baron raconta l'histoire du troisième dessous de l'Opéra.

M. de Simiane le regarda avec stupéfaction.

— Tu es fou, dit-il.

— Non; mais je me meurs, et je veux mourir joyeux.

— Tu te meurs?

— Hélas!

— Et de quoi, s'il te plaît?

— Ah! dit le baron, c'est une triste et bien invraisemblable histoire.

— Bon! pensa M. de Simiane, voici une

seconde édition du château de Holdengrasburg.

Et il ajouta tout bas :

— Je commence à me repentir du rôle que j'ai joué; cette femme le tuera...

— Figure-toi, mon cher ami, reprit le baron...

Mais, au moment où il allait continuer, minuit sonna, et il s'interrompit.

— Je te conterai cela demain. En attendant, je donne à souper ce soir, et voici minuit.

III.

Le marquis eut un geste de profond étonnement.

— Tu donnes à souper? fit-il.
— Mais oui,
— Et à qui?

— Mais, dit le baron, à une société choisie, nombreuse même, à nos vieux amis des soupers du régent et à ces demoiselles de l'Opéra.

— Ici ?

— Mais sans doute.

— Je ne vois cependant aucun préparatif.

— Viens toujours, dit le baron, tu verras.

Et il poussa une porte, prit la main de Simiane et le conduisit par un obscur corridor jusqu'à une autre porte qu'il ouvrit aussitôt, et d'où jaillit un flot de lumière. Le marquis regarda et poussa un cri d'étonnement.

La salle était tendue de draperies noires semées de larmes d'argent. Au milieu, une table somptueusement servie était dressée. Aux quatre coins de la salle, des squelettes parfaitement immobiles tenaient un flambeau à la main.

C'étaient les candélabres du lieu, et le lieu rappelait la funèbre salle à manger du château de Holdengrasburg.

Le cercueil seul y manquait.

M. de Simiane était atterré.

— J'ai vu une décoration semblable en Allemagne, dit tranquillement le baron, et elle m'a plu si fort que je l'ai imitée ici. Es-tu monté par le grand escalier?

— Non.

— Il est tendu pareillement.

— Quelle folie!

Le baron alla vers une croisée et l'ouvrit.

— Mes convives sont en retard, il me semble, murmura-t-il.

— En effet, la rue est déserte!

— Eh bien! reprit le baron, en les attendant, je vais te conter cette triste histoire qui me fait mourir...

M. de Nossac indiqua un siége au marquis et s'assit lui-même avec le laisser-aller de la faiblesse et du découragement.

— Mon cher ami, dit-il languissamment au marquis, je n'ai pas huit jours à vivre...

— Quelle plaisanterie!

— Ne me trouves-tu pas bien pâle?

— En effet.

— Je ne dors plus.

— Et pourquoi?

— Parce que cela m'est impossible. Je me souviens d'une certaine histoire que mon oncle l'évêque de Marmande me contait, et qui était celle d'un missionnaire que les Cochinchinois avaient fait mourir en le privant du sommeil.

Le marquis jeta un regard étonné au baron :

— Et qui t'empêche de dormir ?

— Un fantôme.

Le marquis tressaillit :

— Tu as toujours l'imagination frappée.

— Du tout. Je vois bien réellement toutes les nuits un fantôme.

— Je gage que c'est celui de ta femme ?

— Oui, dit tristement le baron.

Le marquis éclata de rire.

— Toujours la même histoire, murmura-t-il.

— Tu railles, et tu as tort..... C'est vrai.....

— Qui te dit que ce n'est point Gretchen ?

— Gretchen ? fit le baron en tressaillant... Non, Gretchen n'est pas ici... ce n'est pas Gretchen.

— Mais enfin, demanda le marquis, comment ce fantôme se manifeste-t-il à toi ? comment t'empêche-t-il de dormir ?

— Ah ! murmura le baron avec accablement ; c'est là précisément ce que je voulais te dire. Le fantôme habite ma chambre à coucher, et il m'éveille quand je m'endors.

— Tu crois donc aux fantômes ?

— Puisque je les vois !

Le marquis secoua la tête.

— Tu es en démence, lui dit-il.

Le baron sourit de son rire triste et continua :

— La première fois que j'ai couché dans cet hôtel depuis mon retour de Bretagne, j'ai été pris d'une angoisse inexprimable, d'une sorte de terreur superstitieuse dont il m'a été impossible de me défendre. Je revoyais ma femme partout : dans la salle de bal, où tant de quolibets m'accablèrent le jour de mes noces; dans les corridors, dans les escaliers, dans cette chambre nuptiale où je l'abandonnai si fatalement pour suivre cette duchesse maudite dont ma parole m'avait fait esclave... J'eus cependant assez d'empire sur moimême pour me faire une raison et me dire que le trépas est une chose irréparable et que les regrets éternels sont impossibles. Nous avions couru trois jours en chaise de poste, j'étais moulu de fatigue, je me mis au lit de bonne heure et m'endormis profondément. Au milieu de la nuit, un bruit monotone, lent, un peu saccadé, m'éveilla.

J'ouvris péniblement les yeux et je crus voir quelque chose de blanc qui se promenait à l'extrémité opposée de ma chambre, traînant les pieds sur le parquet avec une sorte de cadence.

Je me levai à demi, j'appelai; la forme blanche continua à se promener de long en large, puis un rayon de la lune tombant tout-à-coup sur elle, je vis un visage pâle, inondé de cheveux noirs tombant jusqu'à terre, — un visage pâle et triste, qui avait un navrant sourire, un œil creux et enflammé...

Je reconnus cette pauvre Hélène Borelli, qui ne fut jamais que de nom madame de Nossac.

— Tu rêvais, mon ami.

— Je le crus. Le délire me prit. Je me rendormis sous l'oppression d'un cauchemar, et, quand le grand jour vint m'éveiller, le fantôme avait disparu. Je crus avoir rêvé.

La journée s'écoula pour moi en préoccupations diverses. J'allai voir le roi à Versailles, je renouai avec mes relations, je me ménageai les moyens de m'étourdir.

Le soir vint : j'étais aussi brisé que la veille, je m'endormis aussi promptement.

A minuit, je fus éveillé par le même bruit que la veille, j'aperçus la même forme blanche, et, les dents serrées, l'œil hagard, la poitrine oppressée, je la regardai se promener, n'osant ni ne pouvant remuer moi-même, paralysé par la terreur et essayant vainement de fermer les yeux.

Le fantôme se promena jusqu'à quatre heures du matin. Au moment où un premier rayon du jour filtrait, indécis, à travers les rideaux et les persiennes, je le vis s'éloigner, comme si les murs eussent reculé devant lui, puis tout-à-coup disparaître, sans qu'il me fût possible de savoir comment et par où il s'était en allé.

— C'est bizarre! murmura le marquis.

— La nuit suivante, même apparition.

— Encore!

— Toujours. Cela se renouvelle chaque nuit, à minuit, pour finir à quatre heures du matin. L'angoisse me tient éveillé jusqu'à minuit; de minuit à quatre heures, la terreur m'empêche de fermer l'œil...

— En sorte que tu ne dors jamais?

— Si, mais d'un sommeil fiévreux, cauchemardé, aussi fatigant que la veille elle-même.

— Et tu ne songes pas, tu ne peux pas te lever et chasser le fantôme?

— Non, car il m'aime...

L'accent du baron était navré.

— Il t'aime?

— Oui. Souvent, dans sa promenade, il passe près de mon lit, et alors il me regarde avec une expression d'amour et de tristesse qui me fait mal.

— Te parle-t-il?

— Jamais.

— N'as-tu jamais essayé de laisser ta lampe allumée?

— Oui, sans doute.

— Eh bien?

— A un moment donné, et sans que je puisse m'expliquer comment, elle s'éteint.

— Ceci est trop fort, murmura le marquis; tu es victime d'une mystification.

M. de Nossac secoua la tête.

— C'est bien ma femme, dit-il.

— Ou peut-être Gretchen.

— Non; car Gretchen, c'était ma femme.

— Bon! te voilà fou plus que jamais.

— Je ne t'oblige point à me croire, mais je sais bien que rien n'est plus vrai que je ne suis pas fou.

— Alors, c'est peut-être la créole.

Le baron tressaillit et passa la main sur son front.

— La créole? dit-il. La créole, c'était ma femme.

— Encore?

— Ma femme morte, qui revenait en Allemagne sous le nom de Gretchen; en Bretagne, sous celui de marquise de Bidan; ici, sous son propre nom, pour se venger, mon ami, pour se venger de moi.

— Peut-être n'est-elle point morte.

Le baron poussa un cri :

— Oh! quelle idée!

Et il rêva une minute.

— Folie! reprit-il. Je l'ai vue morte dans son lit, je l'ai retrouvée rongée des vers dans son cercueil…

Le marquis fronçait le sourcil.

— A quel jour du mois sommes-nous arrivés? demanda-t-il.

— Au 12 mars.

— Fatalité! murmura à part lui M. de Simiane, je ne serai libre et dégagé de ma parole que demain. Je ne puis parler... S'il mourait avant!

— A quoi songes-tu? fit le baron.

— Je me dis que c'est une mystification.

— Tu ne crois donc pas aux morts?

— Très-peu, et beaucoup aux vivants.

— Vois-tu, continua M. de Nossac, il y a six mois que je ne dors plus, et chaque jour je m'éveille plus faible, plus brisé, plus près de ma tombe.

Il y avait dans la voix du baron un tel accent de vérité, de conviction désespérée, que M. de Simiane en tressaillit profondément et vivement impressionné, murmura à part lui :

— Tant pis ! je manquerai à ma parole, mais je l'empêcherai de mourir : je dirai tout.

Et, après une minute d'hésitation, il reprit :

— Veux-tu que je te donne un conseil ?

— Parle...

— Si cette nuit le fantôme paraît...

— Il ne viendra pas cette nuit, puisque je ne suis pas couché et que je ne me coucherai qu'au jour.

— Eh bien ! alors la nuit prochaine.

— Soit. Que ferai-je ?

— S'il vient, tu sauteras à bas de ton lit, tu le prendras par le bras et tu lui diras...

Le marquis s'arrêta frémissant.

Il venait de jeter les yeux dans une immense glace de Venise, et dans cette glace il avait aperçu une tête pâle qui le regardait d'un œil sévère, un doigt placé sur la bouche, comme pour lui imposer silence.

— Je lui dirai? fit le baron.

— Eh bien! reprit le marquis déconcerté, tu le prieras de s'en aller et de te laisser dormir.

M. de Nossac haussa les épaules et ne répondit pas.

— Voici mes convives, dit-il. Nous allons joyeusement souper.

— Tu ne me parais pas si joyeux, cependant.

— Ah! voilà, murmura le baron avec son sourire navré, ma vie est double. La nuit, je meurs ; le jour, je me grise de plaisir, de vins, de femmes...

Le baron n'eut pas le temps d'achever; la porte s'ouvrit et les convives entrèrent.

Un cri de stupéfaction mêlé d'effroi leur échappa à la vue des funèbres décorations de la salle; les femmes s'évanouirent à demi, les hommes éclatèrent de rire et trouvèrent la plaisanterie charmante. Tout était charmant de la part du baron.

Le marquis regarda alors M. de Nossac.

IV.

M. de Nossac n'était plus l'homme de tout-à-l'heure, le fou malade et incliné, à l'œil morne, au geste fatigué, à la voix lente et triste...

C'était un gentilhomme droit et bien

cambré, le sourire aux lèvres, l'œil brillant, la parole brève et spirituelle, le geste rapide et plein de grâce.

Il dépouilla sa robe de mandarin et apparut aux yeux de ses hôtes vêtu d'un galant pourpoint cerise à faveurs bleues et à crevés, en bas de soie écarlate, en jabot de fine dentelle, poudré, ayant des mouches comme une marquise, une main dans son jabot, l'autre sur la garde d'or d'une petite épée de cour passée en verrouil.

— Il est ravissant! murmurèrent les femmes.

— A table! dit le baron joyeusement.

Malgré les funèbres tentures de la salle et les squelettes qui s'y acquittaient du rôle de candélabres, ce fut un gai festin, une orgie élégante et raffinée, comme la régence seule en sut faire, et dont les derniers roués du duc d'Orléans emportèrent le secret dans leur tombe.

Les flacons d'Aï, de Xérès, de Malvoisie, de Constance, les pâtés de venaison, les suprêmes de faisans, les marmelades d'anguilles, les buissons d'écrevisses, les bisques de perdreaux, les volailles, les terrines de truffes disparurent comme par enchantement.

A mesure que les fronts s'alourdissaient, les paroles devenaient plus vives, plus lestes, plus spirituellement décolletées... On faillit plusieurs fois souffler sur les bougies et inonder les candélabres-squelettes avec les carafes demeurées pleines. Les femmes se démasquèrent, une seule exceptée.

— Beau masque, lui dit le baron, montre-nous ton frais minois.

—Je suis pâle, dit froidement le masque.

— Mais encore...

— L'éclat des bougies me fait mal.

— Par grâce! mon beau masque, insistèrent plusieurs hommes se joignant au baron.

— Si vous le voulez, dit le masque avec calme, je vais me retirer.

— Hum! pensa le baron, je suis trahi. C'est une femme de la cour qui s'est faufilée parmi *ces demoiselles*.

— Baron, exclama tout-à-coup le marquis, combien te coûte ton souper?

— Demande à mon intendant.

— Baron, tu te ruines.

— Cela m'est bien égal.

— Au fait, tu as raison.

— Pourquoi cela?

— Parce que, dans deux jours, que tu

aies cent mille livres de rentes ou trois millions de dettes, tu ne seras ni plus riche, ni plus pauvre.

— Bah ! et comment ?

— Te souviens-tu d'un paragraphe du testament de ta femme ?

— Lequel ?

— Celui qui t'oblige à te remarier avant le délai de deux ans pour conserver ta fortune.

— Tiens ! c'est juste ; je n'y songeais pas. Eh bien ! ce délai...

— Expire après-demain, baron. Tu n'as que vingt-quatre heures pour chercher une femme.

— Je ne veux pas me marier.

— Allons donc ! Et pourquoi ?

— Parce que j'aime ma femme, dit le baron.

On se prit à rire.

— Les morts sont hors de cause, murmura la femme masquée.

— Tu crois, beau masque.

— Sans doute.

Et la femme ricana sous le velours noir de son loup.

— C'est triste, baron, reprit le marquis; triste, je t'assure, de voir une fortune comme la tienne retourner à un beau-père imbécile et à des neveux inconnus.

— Tiens! c'est vrai, cela.

— Et à ta place, je préférerais épouser n'importe qui... et même n'importe quoi.

— Au fait! s'écria le baron, j'ai envie de chercher une femme sur l'heure. Je serai mort dans huit jours, et je ferai une heureuse en mourant.

— Superbe ! murmura-t-on.

— Qui veut m'épouser ? reprit-il.

Les femmes se regardèrent, puis s'écrièrent toutes en même temps :

— Moi ! moi ! moi !

— Nous ne sommes pas en Turquie, murmura le baron ; permettez-moi de faire un choix. Allons, mesdames, montrez-vous : je choisirai la plus jolie.

La femme masquée seule n'avait rien dit et gardait toujours son loup.

— Bas le masque, madame ! lui dit le baron.

— Monsieur, répondit-elle d'une voix railleuse, si vous voulez m'épouser, vous m'épouserez avec mon masque ; sinon... non.

Et à travers ce même masque étincela un ardent regard.

— Soit ! dit le baron, vous serez ma femme ; c'est vous que j'épouse.

— Merci, dit-elle.

Et elle lui tendit la main, et, en touchant cette main, le baron tressaillit sans pouvoir s'expliquer cette sensation.

V.

Malgré la réputation d'excentricité du baron, ses convives ne purent maîtriser un mouvement d'étonnement.

— Comment ! s'écria-t-on à la ronde, il choisit la femme masquée !

— Pourquoi pas !

— Si elle était laide?

Un regard plus étincelant que l'éclair jaillit du masque de l'inconnue, tandis qu'elle haussait les épaules et laissait bruire un rire sec et moqueur à travers ses dents blanches.

— Avec un regard et des dents pareilles. murmura philosophiquement le baron, une femme n'est jamais laide.

— Bien dit, baron, répondit le domino. A quand la signature de notre contrat?

— Mais, fit le baron, dès demain.

— Il n'est que temps, ajouta Simiane.

— Seulement, objecta M. de Nossac, comme il est bon de faire au moins connaissance, je vous demande une grâce, madame.

— Parlez, baron.

— Vous m'accorderez après souper une heure de tête à tête.

— Soit, baron.

— En ce cas, achevons de souper.

La fin du souper fut joyeuse, pétillante d'esprit, étincelante de saillies.

Les femmes passèrent du rose à l'incarnat, le champagne mit dans leurs yeux ce magnétisme provoquant que lui seul possède ; on se débrailla un peu, puis beaucoup...

Vers la fin, les bougies coururent un grand péril.

Heureusement M. de Nosac s'écria :

— Mesdames, n'oubliez pas que je me marie demain, et que, par conséquent, mon hôtel doit être désert avant le jour.

— Bon ! dit un roué, voici Nossac qui fait de la morale.

— A son profit, ajouta une danseuse.

— Il me pousse une idée, murmura une dame.

— Voyons l'idée !

— Si nous retournions aux Porcherons ?

— Bravo ! bravo !

Les soupeurs se levèrent en foule ; on ouvrit les croisées pour avoir un peu d'air et chasser les premières lourdeurs du champagne. Puis on couvrit l'amphitryon de lazzis mordants, de fines épigrammes, de prédictions graveleuses.

— Allons ! dit le baron, maintenant, partez ou restez, je ne vous retiens ni ne vous chasse ; mais rendez-moi ma liberté ! Je veux causer avec ma femme.

— Partons ! s'écria-t-on à la ronde.

Et cette foule joyeuse, chancelante, s'écoula en tumulte par les escaliers et les corridors, laissant après elle des éclats de rire, des manchettes tachées de vin, des parfums éventés et des fleurs flétries.

Alors le baron offrit sa main au domino et lui dit d'une voix triste et grave qui contrastait singulièrement avec la factice gaîté de la nuit :

— Venez, madame.

La pièce où le baron conduisit le domino était une vaste salle tendue de velours bleu, meublée en vieux chêne, avec de grands et lourds candélabres dorés, des glaces de Venise de la plus haute dimension, et un épais tapis sorti des manufactures des Gobelins représentant une scène des Aventures de Télémaque.

Cette pièce était sévère sans être froide; le cœur n'y était point serré; on y respirait même à l'aise, mais l'âme ne s'y dilatait point.

Un poète y pouvait trouver matière à rêverie; un amant y devait frissonner.

Le domino fut saisi sans doute de cette pensée, car il dit au baron :

— Cette salle est bien triste.

— Vous trouvez?

— Oui.... pour un entretien.... d'amour.

Le baron fronça le sourcil.

— Qui vous dit, murmura-t-il, que je vous veuille parler d'amour?

Le domino tressaillit.

— Oh ! fit-il ému.

Mais le baron réfléchit, car il lui reprit la main, le conduisit silencieusement à l'extrémité du salon, poussa une porte, et l'introduisit dans un petit boudoir blanc et or, empli d'une moite atmosphère chargée de parfums délicats, ajouré par la clarté mate d'une lampe vénitienne aux verres multicolores.

Le baron fit asseoir le domino sur les coussins du sopha, puis, au lieu de se placer près de lui, il s'adossa au chambranle de la cheminée, appuya sa tête à la pendule rocaille, posa le bout de son pied sur les tritons de cuivre du foyer et parut se receuillir un moment.

Le domino l'examinait attentivement et se pelotonnait sur le sopha avec la coquette et souple nonchalance d'une jolie femme.

—Madame, dit enfin le baron, daignerez-vous m'écouter?

Le domino entr'ouvrit paresseusement ses lèvres et en laissa tomber un adorable sera-ce bien long?

— Non, dit-il, deux mots seulement.

Le domino appuya son menton sur sa belle main et son coude sur son genou.

— Je vous écoute, fit-il.

— Madame, poursuivit le baron, je suis fort riche aujourd'hui; dans deux jours, si je ne vous épouse...

— Vous serez ruiné, n'est-ce pas?

— Oui, fit le baron d'un signe. Je vous épouse donc, aux yeux du monde en général et de nos convives en particulier, pour conserver ma fortune. Je ne sais si vous êtes riche, de noblesse ou de bourgeoisie, de la cour ou de l'Opéra.

— Que vous importe!

—Absolument rien. Tenez-vous à être aimée?

—Mais, fit le domino d'un ton railleur, pourquoi pas?

—C'est que la chose est impossible!

—En vérité?

—J'aime ailleurs.

—Charmant! En ce cas, baron, renonçons à notre mariage.

—Quelle folie!

—Du tout. Je suis peut-être aussi riche que vous. Je veux de l'amour, non de l'or.

Un amer sourire crispa les lèvres du baron.

—Croyez-vous que je puisse aimer? murmura-t-il.

—J'ose l'espérer.

—Vous vous trompez cruellement, madame. Vous vous trompez encore en supposant que je vous épouse pour conserver ma fortune.

— Bah !

— Les morts n'ont besoin de rien.

— Vous êtes donc mort ?

— Je le serai dans huit jours.

Le domino fit un geste d'étonnement, presque de terreur.

— Vous êtes fou ! murmura-t-il.

— Je l'ai été, je meurs raisonnable.

— Pourquoi et de quoi mourez-vous ?

— D'un mal sans remède.

— Quel est ce mal ?

— J'aime une femme morte.

Un tressaillement plus visible encore s'empara du domino.

— Écoutez, poursuivit le baron, je sens ma vie s'en aller, mon dernier souffle, ma dernière heure approchent ; je meurs en riant, mon rire est empoisonné.. Mais je vais vous confier mon secret; vous seule le connaîtrez, vous seule peut-être donnerez une larme à ma tombe.

Le domino ne raillait plus, il écoutait.

—Tantôt, continua le baron, je ne songeais nullement à arracher ma fortune à des collatéraux avides et qui n'ont pour moi que haine et mépris. Une pensée m'est venue, celle de semer un peu de bonheur sur ma route, moi que le bonheur avait fui... J'ai offert ma main à une inconnue, cette inconnue c'est vous : vous ne refuserez pas un regret à ma mémoire...

Le baron s'arrêta et parut attendre une réponse...

Le domino se taisait toujours.

M. de Nossac poursuivit :

— J'aime une morte depuis deux années; cette morte, c'est ma femme.

Le domino haussa les épaules.

— En Allemagne, j'ai rencontré une jeune fille qui lui ressemblait, et j'ai aimé cette jeune fille; — en Bretagne, j'ai trouvé une créole qui lui ressemblait également, et j'ai aimé cette créole. Mais dans la jeune fille et la créole, je n'aimais que ma femme.

— En vérité! fit le domino d'un ton railleur.

— Sur l'honneur, madame.

— Savez-vous, baron, que votre femme a joué de malheur?

— En quoi, madame?

— En ce que vous ne l'avez aimée que morte.

Le baron poussa un cri sourd.

— Oh! dit-il, c'est faux!

— Par exemple !

— Je l'aimai du jour où je la vis.

— Ce qui fit, baron, que le soir de vos noces vous allâtes passer la nuit aux bras d'une maîtresse. Voilà un singulier amour.

— D'où savez-vous cela ! madame ?

— Mais je le sais, cela suffit.

M. de Nossac devint tout-à-coup triste et solennel.

— Que penseriez-vous, madame, fit-il, d'un gentilhomme qui, donnant sa parole, foulerait cette parole aux pieds ?

— Je dirais que ce gentilhomme est un lâche !

Une éclair de joie brilla dans les yeux du baron.

— Eh bien ! dit-il, écoutez alors, écoutez ! J'avais une maîtresse, j'étais ruiné, le régent venait de mourir. Je n'avais jamais vu la femme que je devais épouser, je l'épousais donc sans amour et pour me sauver de la misère. Mais il fallait à tout prix me débarrasser de ma maîtresse, et j'eus la faiblesse de lui faire un serment. Je lui promis, à partir du jour de mon mariage, une nuit à son choix...

Le domino se leva.

— Après? fit-il vivement.

— Quand j'eus vu ma femme, je l'aimai. Hélas! il était trop tard pour revenir sur mon serment. Le soir de mes noces, au moment où je venais de conduire ma femme à la chambre nuptiale, quand je touchais presque à un de ces bonheurs comme je n'en méritais plus, l'amour d'une vierge, un domestique se présenta, me dit quelques mots à l'oreille, et je le suivis... Un carrosse était à la porte de l'hôtel : dans ce carrosse était ma maîtresse. Elle réclama l'exécution de ma promesse, et je fus contraint d'obéir. Oh ! quelle nuit infernale ! Ce que j'ai souffert de tortures sans nom, de regrets mortels, pendant ces quelques heures, est impossible à redire. J'étais placé entre une femme aimée, adorée, une vierge au front pur, à à l'œil timide, au sein frémissant, — et entre une maîtresse vieille déjà, déjà blasée, saturée, promenant la débauche en paniers et poudrée dans les allées de Versailles et les boudoirs de la cour. Mon cœur appelait l'amour de l'une et repoussait les caresses de l'autre... Eh bien ! c'était celle-là, cette femme flétrie et honteuse, qui réclamait mes lèvres et les baisers de mes lèvres au nom de l'inviolable loi du serment. A elle j'appartenais tout entier, sans restriction, sans même avoir le droit de me défendre et de me débattre. Je devais être son esclave pendant vingt-quatre heures, faire de sa volonté la mienne, obéir en aveugle à ses plus étranges caprices. Quand l'heure de ma délivrance sonna, je courus à l'hôtel Borelli ; ma femme était partie pour la Bretagne. Je montai en chaise de poste et je courus après elle. En route, je fus rencontré par le nouvel amant de ma maîtresse. C'était un beau garçon, amoureux et chevaleresque comme on l'est à vingt ans. Il me donna un furieux coup d'épée, qui me coucha dans un lit d'auberge pour quinze jours. Quand je pus me remettre en route, quand j'arrivai chez ma femme, elle était morte !...

Le baron s'arrêta et couvrit de ses mains convulsives son front, où la sueur perlait en gouttelettes glacées. Le domino s'était peu à peu rapproché de lui. Tout-à-coup il lui prit la main et lui dit d'une voix émue :

— Vous n'aviez donc, monsieur, aucun ami sur terre ?

M. de Nossac parut sortir d'un rêve pénible.

— Pourquoi cette question ? demanda-t-il.

— Parce qu'il me paraît bien étonnant que vous n'ayez confié à personne le secret de votre étrange conduite.

— C'est juste, mais je vais vous expliquer mon silence, madame. J'avais été assez gentilhomme, assez chevaleresque pour respecter mon serment; je fus assez lâche pour ne point oser avouer, en un siècle où tout commence à disparaître, vieil honneur et loyauté, à ne point oser, dis-je, avouer à mes anciens compagnons de plaisirs et d'orgies ma religion de la promesse jurée et mon amour pour ma femme. Je n'avais qu'un ami intime, le marquis de Simiane; c'était un blasé et un sceptique : il m'eût impitoyablement raillé. L'orgueil cloua mes lèvres, je me tus.

Le domino fit un mouvement.

— Monsieur le baron, dit-il, êtes-vous bien sûr que votre femme soit morte?

M. de Nossac tressaillit profondément.

— Oui, murmura-t-il ; j'ai vu son cadavre rongé de vers.

— Vous vous êtes trompé, ce n'était pas elle.

Le baron recula.

—Qui vous l'a dit? s'écria-t-il.

Le domino arracha son masque. Le baron poussa un cri et s'appuya défaillant à la cheminée.

— Gretchen ! murmura-t-il.

— Non pas Gretchen, mais la créole... non point la créole, mais Helène...

— Vous !

— La femme que vous avez vue était ma sœur de lait. Quant à moi, je n'étais point morte, et je partis dans la nuit qui précéda mon enterrement.

— Baron, continua le domino d'une voix étouffée, je me suis crue offensée, j'ai voulu me venger... pardon !

M. de Nossac, chancelant et pâle, prit sa femme dans ses bras et ne put proférer un mot, étranglé qu'il était par l'émotion.

— Le château de Holdengrasburg,

poursuivit la baronne, les veneurs noirs, le château de Kervégan, Hector, Roschen et Yvonnette, tout cela n'était qu'une détestable et terrible comédie que j'avais combinée avec des flots d'or, de misérables étudiants allemands que j'avais achetés corps et âme et qui m'ont servie...

— Mais, s'écria enfin le baron, Roschen?

— Celle-là valait mieux que les autres... C'était une pauvre fille ignorante qui joua son rôle par amour et qui en fut victime.

— Et... Yvonnette?

— Yvonnette était la maîtressse de Samuel qui se nommait Hector en Bretagne, comme Roschen était celle de Wilhem.

Le baron porta la main à son front.

— Je suis fou! murmura-t-il.

— Non, dit la baronne en se jetant à ses pieds, vous n'êtes point fou et vous vivrez, car je vous aime. . . . . . .
. . . .

Ce fut une nuit délicieuse que celle qu'ils passèrent tous deux, les mains dans les mains, oubliant le reste du monde, laissant les bougies s'éteindre et les premiers baisers de l'aube effleurer les persiennes.

Au moment où le premier rayon de soleil pénétrait dans le boudoir, la porte s'ouvrit et Simiane entra.

— Madame, dit-il froidement, vous m'avez demandé deux années de silence ; les deux années sont expirées, je vais parler.

— C'est inutile, dit la baronne, il sait tout.

Le baron le regarda étonné.

— Que veux-tu dire ? demanda-t-il.

— Écoutez, reprit madame de Nossac. La première nuit qui suivit votre duel, vous aviez le délire et vous dormiez d'un sommeil pénible et entremêlé de rêves terribles ; je gagnai votre hôte à prix d'or, je pénétrai dans votre chambre, j'appuyai un pistolet sur votre front, et, emportée par la fureur, ivre de vengeance, je m'apprêtai à vous tuer. Un homme avait couru après vous. Cet homme parut sur le seuil et poussa un cri. A ce cri, j'hésitai, une idée me traversa le cerveau, et je lui dis : « La vie du baron m'appartient ; si vous faites un pas, si vous appelez, je le tue ! » Et comme la terreur le clouait à sa place, je continuai : « Je vous accorde sa vie à une condition. — Laquelle ? demanda-t-il. — Je veux me venger, poursuivis-je : pendant deux années, vous m'obéirez aveuglément, vous serez muet. — Et vous ne le tuerez pas? —Non. Donnez-moi votre parole.» Il me la donna et devint mon complice pour vous sauver.

Le baron tendit la main à M. de Simiane.

— Tu t'es trompé, mon ami, tu as cru me sauver...

— Eh bien? firent-ils frémissants tous deux.

— Eh bien ! toutes ces émotions m'ont brisé... je meurs!

Un cri échappa à la baronne et au marquis.

M. de Nossac prit dans ses mains convulsives la tête pâlie de sa femme, y mit un baiser suprême, murmura un mot d'adieu, et se renversa brusquement en arrière.

— Il ne faut pas jouer avec l'imagination, fit-il d'une voix éteinte ; la vie est dans le cerveau.

Et il mourut.

. . . .

Longtemps après encore, les paysans du Léonais voyaient errer par les soirées brumeuses et froides, sous les arbres dépouillés du parc ou dans les prés jaunis, une femme vêtue de noir, pâle, l'œil brillant de folie, marchant d'un pas inégal et brusque, — une sorte de fantôme qu'on n'osait approcher et qui chantait, avec des éclats de rire navrants, la légende du *Veneur noir :*

> Le vieux châtelain, le sourcil froncé
> Est encore assis, à minuit passé,
> Dans son grand fauteuil séculaire...

Et si l'on demandait à l'un d'eux quelle était cette femme, il répondait avec terreur :

— C'est le fantôme de la BARONNE TRÉPASSÉE.

FIN.

LE CHEVALIER

DE

ROQUEFURE.

I.

Un cheval crevé.

Un soir d'août 1641, sur la route de Paris et un peu au-dessus d'Étampes, un cavalier, monté sur une vaillante jument limousine, cheminait au petit trot, sans trop se presser, et fredonnant un refrain un peu leste fort à la mode alors.

Bientôt, à un coude que faisait la route, il aperçut sur le revers du fossé le cadavre d'un cheval et, près de ce cheval, un grand diable d'homme sec, maigre, les joues osseuses, les moustaches grises, vêtu d'un pourpoint orange, légèrement fané, et de chausses gris perle riant à toutes les coutures. Avec son feutre à plume rouge, sa grande épée à coquille et ses bottes à entonnoir qui rappelaient le règne précédent, on eût, de prime abord, pris cet étrange personnage pour un des bateleurs qui faisaient assaut, au Pont-Neuf, de pantalonnades et de lazzis; — mais, quand on avait envisagé cette figure austère et martiale, lorsqu'on sentait peser sur soi ce regard calme et froid, qui pouvait se traduire par un éclair au moindre choc, il était impossible de ne pas reconnaître un de ces officiers de fortune, moitié reîtres, moitié condottieri qui mettaient leur vie et leur bravoure à la solde du plus riche et se faisaient consciencieusement trouer la peau.

Celui-ci, debout auprès du cheval crevé, tenait encore la bride à la main et semblait absorbé dans une pénible rêverie, lorsque le trot de la jument limousine le fit tressaillir et jeter les yeux sur le gentilhomme qui arrivait auprès de lui.

Ce gentilhomme était tout aussi bizarrement accoutré que l'officier de fortune : —des chausses violettes, coupe Louis XIII, un feutre gris sans plume, une soutane courte, de celles qu'on nommait petit-collet et qui annonçaient sinon un prêtre, du moins un jeune abbé prêt à l'être, — et, par dessus le tout, une bonne épée à poignée d'acier et nœud de ruban ponceau.

Ce costume moitié laïque, moitié prêtre, était peut-être plus original encore et plus ridicule que celui de l'officier, — mais celui qui le portait était un beau jeune homme de 24 ans au plus, portant moustache noire et royale, avec de grands yeux fiers et brillants, une tournure à la fois distinguée et empreinte de la gaucherie provinciale, cavalière et un peu timide. Quand il avait le regard baissé et sa main blanche et longue, passée dans sa chemisette de batiste, — c'était un abbé ; — mais lorsqu'il levait les yeux, regardait son monde en face et mettait le poing sur la hanche, — on se prenait à regretter qu'il n'eût point une casaque de mousquetaire en place de sa soutanelle.

— Holà ! monsieur l'abbé, cria l'officier quand ils furent l'un près de l'autre, vous êtes sans nul doute moins pressé que moi ?

A cette interpellation, articulée d'un ton bref et à peine poli, le jeune cavalier arrêta brusquement sa monture et regardant son interlocuteur avec beaucoup de calme :

— Cela dépend du genre de vos occupations, monsieur, répondit-il.

— Diable ! grommela l'homme sec et maigre, il y a du nerf dans cet organe.

— Vous le voyez, reprit-il tout haut, mes chausses et mes bottes couvertes de poussière, la plume de mon feutre brisée, mon pourpoint craquant de partout et ce pauvre animal que vous voyez là raide mort, doivent vous attester que j'ai fait aujourd'hui plus de chemin que vous, — car vous êtes frais et dispos et vous avez la mine fleurie comme tous les gens d'église; donc si j'ai fait le plus de chemin, je suis le plus pressé.

— C'est juste. Eh bien?

— Eh bien! mais vous allez me vendre votre cheval, pardieu!

— Non pas, mon gentilhomme, car j'ai affaire à Paris tout comme vous et n'ai nulle envie de coucher en route.

— Parfaitement raisonné, mon jeune maître, mais le but excuse les moyens. Or, j'ai un pressant besoin d'être à Paris ce soir même, mon cheval est mort, il m'en faut un; je vous propose de me le vendre, vous refusez; eh bien! je le prends.

— Ah bah! exclama le jeune cavalier peu déconcerté, et d'un ton plus voisin de la raillerie que de la surprise.

— Hein! fit l'officier, plus étonné. Quand je dis : « je prends, » je me trompe; je veux dire que je vous joue votre cheval... à ce jeu-là.

Et il fit sonner la garde de sa rapière.

— Oh! de grand cœur, répondit l'abbé en sautant lestement à terre et tirant son épée avec beaucoup de noblesse et d'aisance; — je suis toujours prêt à faire la partie d'un galant homme.

— Morbleu! grommela l'officier en dégaînant, voici un petit morveux d'abbé qui ne paraît pas trop déplacé sous le rabat et

la soutane. Je vais l'égratigner seulement,
— car ce serait dommage de le tuer.

Les deux adversaires échangèrent le salut courtois qui précède toute affaire d'honneur et croisèrent le fer.

Le vieillard était passé maître, mais le jeune homme appartenait à la bonne école ; sa garde était sans faiblesse ni irrésolution, sa riposte vive et mesurée, — et la partie fut égale dès l'abord.

— Ah ça, fit l'officier, est-ce que ce blanc bec va me donner du fil à retordre ? Voyons la botte terrible...

Et il ménagea ce coup fameux que possèdent seuls les vieux ferrailleurs et qui tue proprement son homme : mais la botte fut parée, et, cette fois, l'abbé, usant de riposte, lia l'épée de son adversaire et l'envoya d'un revers rouler à vingt pas.

— Sang Dieu ! exclama l'officier muet d'étonnement, vous êtes mon premier maître, jeune homme, on ne m'a jamais désarmé.

— C'est une maladresse, excusez-moi, répondit l'abbé poliment.

Et il alla lui-même chercher la rapière de son adversaire et la lui présenta :

— A vos ordres, — dit-il, prêt à recommencer.

— Non pas, fit l'officier, j'ai perdu le cheval. Continuez votre route, mon gentilhomme. Moi, ajouta-t-il avec un soupir, je vais m'asseoir ici sur le corps de mon pauvre Roland, et attendre qu'il passe un cavalier aussi bien monté et plus accommodant ou moins rude jouteur que vous.

L'officier salua son vainqueur, passa machinalement sa main osseuse sur le poil lisse de l'animal mort au champ d'honneur, et prit la pose indifférente et résignée de l'homme que rien n'émeut plus.

Mais l'abbé, voyant cela, s'écria avec cet accent bouillant et généreux de la jeunesse :

— Par les cendres de mon père ! vous ne resterez point ici, monsieur ; et, si je ne puis vous vendre mon cheval, je vous en offrirai au moins la moitié. *Marphise*, ajouta-t-il en caressant la croupe lustrée de la bête, n'a fait que six lieues aujourd'hui, et elle nous portera bien tous deux. Voulez-vous la croupe ou le fond de la selle ?

— Sang-Dieu ! s'écria le militaire touché jusqu'aux larmes, vous êtes un brave garçon, mon jeune maître, et je me repens d'avoir dégaîné avec vous. J'accepte, à condition que vous prendrez ma main.

— De grand cœur, fit l'abbé.

—C'est celle d'un vieux soldat qui loge plus souvent le diable dans sa poche que le Pérou dans sa bourse, — mais dont personne ne vous dira de mal, — si ce n'est ceux à qui il a endommagé la peau... Et encore, ils pourront affirmer que cela s'est fait d'après toutes les règles. — Mais gardez la selle, je m'accommoderai fort bien de la croupe.

L'officier de fortune prit dans les fontes de la selle une paire de pistolets et une gourde d'eau-de-vie, mit le tout dans ses poches, jeta un dernier regard à son malheureux compagnon, mort de fatigue et sauta lestement derrière le jeune abbé, qui éperonna Marphise, laquelle partit au grand trot.

— Savez-vous, monsieur l'abbé, que vous me rendez un fameux service, et que j'aurais été obligé de faire la route à pied pour m'acquitter de ma mission? dit l'homme sec, tandis qu'ils couraient.

— Je suis heureux de vous obliger, répondit le jeune cavalier.

— Et vous obligez un homme qui s'en souviendra. Ah ça, pourrait-on savoir votre nom?

— Oh! sans doute. Je me nomme Albert de Roquefure, je suis le cadet d'une vieille famille noble de Provence, et je me rends à Paris, où j'espère entrer dans les ordres, la seule carrière, ajouta-t-il avec un soupir, qui soit ouverte à un pauvre cadet.

— Peste! Et pour être abbé, vous avez pris d'aussi bonnes leçons d'escrime?

— Que voulez-vous ? il faut bien savoir un peu de tout pour devenir évêque...

— Hum ! grommela l'officier, puisque les gens d'église se mêlent de ces choses, il ne nous reste plus, à nous soldats, qu'à distribuer de l'eau bénite et prêcher des sermons. Au reste, ajouta-t-il avec un sourire plein de raillerie, le *porporato* (1) gouverne, le coadjuteur (2) fait des barricades, — et les gens d'épée moisissent à la Bastille ou à Vincennes, témoin ce pauvre monsieur de Beaufort qui y est demeuré six ans et qui a eu toutes les peines du monde à en sortir.

— Vous m'excuserez, monsieur, dit Roquefure, si je vous laisse discourir tout seul en semblable matière, — mais je suis

---

(1) Nom qu'on donnait au cardinal Mazarin.
(2) L'abbé de Gondi, depuis cardinal de Retz.

aussi étranger à la politique que peut l'être un pauvre provincial, et j'ignore entièrement les affaires de la cour.

— Eh bien ! en ce cas, je puis vous en donner des nouvelles, mon gentilhomme. M. de Beaufort s'est évadé et se cache dans son château de Vendôme, d'où je viens, chargé d'une lettre pour madame de Longueville et son frère, le prince de Conti. M. le Prince vient de gagner la bataille de Lens, et Monseigneur le coadjuteur a chanté un *Te Deum* à Notre-Dame et fait un très-beau discours au roi sur les dangers qu'il y a d'avoir un Italien pour premier ministre. Le petit monarque n'a pas trop compris, mais la reine, qui raffole de son Mazarin, est devenue rouge de colère, et s'est bien promis de faire embastiller le coadjuteur; — ce dont celui-ci se moque, attendu qu'au premier jour nous allons barricader Paris et empaler le *porporato* sur les cheminées du Louvre. En sorte, mon jeune maître, que si vous avez quelque espoir en M. de Mazarin, et attendez de lui votre promotion dans les ordres, il faut vous hâter, car il est probable que dans un mois il sera passé à l'état de souvenir et de tradition.

— En effet, répondit Roquefure, mon père m'a remis une lettre de recommandation pour lui, et c'est de cette lettre que j'attends toute ma fortune à venir, — car la présente se réduit à une centaine de pistoles et au cheval qui nous porte.

— Cent pistoles ? exclama l'officier, mais il y a de quoi vivre un an, et vous êtes fort heureux ! Mais êtes-vous bien décidé à entrer dans les ordres?

— Autant qu'on peut l'être quand on n'a pas d'autre perspective.

— Pourquoi ne pas jeter la soutane aux orties et garder cette épée que vous maniez si bien ?

— Dam ! fit ingénument Roquefure, si j'étais capitaine quelque part, je ne dis pas non ; mais soldat, je préfère un canonicat, et j'espère que M. le cardinal me le donnera.

— Espérez, mon maître, mais le jour où il vous refusera, et celui où il vous prendra fantaisie d'endosser une casaque, venez me trouver et je vous fais lieutenant dans ma compagnie.

— Vous êtes donc capitaine ?

— Oui, mais en disponibilité depuis six ans. M. de Beaufort, une fois à Vincennes, ne m'a plus payé, et j'ai licencié mes hommes : en sorte que depuis je vis retiré à Vendôme, et ne l'ai quitté que pour porter mon message. Mais corbleu ! voici que nous allons bientôt avoir de la besogne et dérouiller nos rapières. Ah çà, où descendez-vous, à Paris ?

— Ma foi ! je n'en sais rien. Et vous ?

— Moi, je vais rue Saint-Honoré, à l'enseigne du *Roi Charles IX*, et j'y ai mon logis depuis vingt ans. Venez avec moi, nous souperons ensemble, et je vous ferai les honneurs de Paris, que vous ne connaissez pas.

— Accepté, mais à condition que je saurai votre nom.

— Et mon histoire, si cela vous tente.

— Pourquoi pas ?

— Eh bien ! je commence par l'histoire. Je suis né, je ne sais où, un jour de bataille avec les Allemands, je crois. Ma mère était une cantinière, et mon père un gentilhomme, mais je n'ai connu ni l'un ni l'autre, et j'ignore leurs noms à tous deux. A dix ans j'étais écuyer, à vingt ans officier de reîtres, et je n'avais pas encore de nom ; seulement, comme je maniais proprement la rapière et qu'à trente pas je vous aurais logé une balle dans la tête, mes soldats m'appelaient le lieutenant *gâte-chair*. Mais, en vieillissant, je devins capitaine, e alors je trouvai que mon nom avait quelque chose d'indécent et de peu convenable qui nuisait à ma nouvelle dignité. Donc, un jour, en Italie, je brûlai une chaumière avec une douzaine d'Espagnols dedans, et quand ce fut fait et qu'il ne resta plus que des cendres, quelques os et quatre murs, je demandai le nom de la chaumière; elle n'en avait pas, je l'appelai *Maison-Rôtie* et la déclarai mon patrimoine, me faisant de mon chef baron de *Maison Rôtie*. Depuis lors, je me suis toujours nommé le capitaine Gâtechair de *Maison-Rôtie;* et si je me retire du jeu avec quelques centaines de pistoles, je me promets bien de les employer à rebâtir mon manoir pour y finir en paix mes jours et soigner mes blessures.

Comme le capitaine achevait, la vigoureuse *Marphise* posait le pied sur le pavé de Paris. Nos deux voyageurs arrivèrent à l'hôtellerie du *Roi Charles IX;* le capitaine demanda une chambre pour son compagnon, et s'en alla, tout courant, s'acquitter de son message.

A son retour, ils se mirent à table, burent raisonnablement et s'en allèrent coucher :

— Mon jeune ami, dit le capitaine, je repars pour Vendôme demain. Mais je reviens avec M. de Beaufort dans huit jours pour le grand *charivari* que nous allons donner au Mazarin, et si le cœur vous en dit d'être des nôtres, je vous assure qu'avant qu'il soit peu, vous serez capitaine et peut-être mieux.

Roquefure dormit comme on dort à vingt ans, c'est-à-dire jusqu'au lendemain midi, tout d'une traite.

Gâtechair s'éveilla à la pointe du jour, fit seller un cheval qu'il avait acheté la veille, mit le pied à l'étrier et prit la route de Vendôme, où nous ne le suivrons pas.

Roquefure prit un carrosse et partit, muni de sa lettre, pour Saint-Germain, où résidaient la reine-mère et M. le Cardinal.

Ce premier chapitre n'étant qu'une introduction, nous franchirons quelques mois d'un saut, nous bornant à vous dire que, pour des raisons à lui connues, le jeune cadet quitta l'hôtellerie du *Roi Charles IX* avant le retour du capitaine *Gâtechair* de *Maison-Rôtie;* — et nous reprendrons notre histoire vers le mois de janvier de l'année suivante.

II.

Où la soutane est jetée aux orties.

Un jour de janvier 1649, vers deux heures de relevée, rue de Bussy, dans une chambre meublée simplement, il y avait assis près d'une table, un jeune homme : c'était Albert de Roquefure.

Son costume, entièrement laïque, était exempt de ces légères imperfections que les provinciaux corrigent bien vite après quelques mois de séjour à Paris. Son pourpoint de drap vert, ses chausses noires, ses bas de soie rouge et son feutre à plume blanche, tout était du meilleur goût et taillé d'après la dernière mode. Son visage avait perdu le hâle du soleil et acquis une pâleur pleine de distinction; son regard n'avait plus cette hésitation première, signe de timidité, et il portait la tête haute d'une façon impertinente remplie de noblese.

Mais cependant, à l'heure où nous le retrouvons, messire Albert de Roquefure, accoudé sur les bras de son grand fauteuil de chêne, avait le front soucieux, et comptait d'un air profondément mélacolique une douzaine de pièces d'or étalées devant lui :

— Allons, murmurait-il, voilà le fond du tonneau, et, quand ce sera fini, si je n'ai pas mon canonicat, il ne me restera plus qu'un parti : m'enrôler dans une compagnie d'infanterie, car je ne suis pas assez riche pour m'équiquer ailleurs. Maudit Cardinal ! maudits courtisans ! au diable les grandeurs et les espérances, et la loi ridicule qui condamne un pauvre cadet à jouer le rôle de solliciteur !

Depuis six mois que je suis ici, je ne suis pas plus avancé que le premier jour, et ce damné Mazarin, que Dieu confonde, ne m'a encore fait que de vagues promesses qui ne me mettent pas un sol vaillant en poche ; — ajoutez que je suis amoureux d'une petite comtesse qui ne prend nulle garde à moi, quoi que je fasse, et ma foi! vous pourrez voir que je suis le plus disgracié des hommes. —Ce diable de capitaine, que je n'ai pas revu, avait raison; il vaut mieux encore tenir une épée qu'attendre un *bénéfice*.

Et, sur cette boutade, Roquefure se leva, s'approcha de la croisée et explora rapidement les fenêtres de la maison d'en face, avec cet acharnement qu'ont les amoureux sous les persiennes de leur belle. Mais les rideaux étaient soigneusement tirés, et, derrière eux, il ne se glissait aucune ombre.

Roquefure poussa un soupir de résignation, prit son épée, la ceignit, posa crânement son feutre sur sa tête et sortit.

— Allons tuer le temps, dit-il. Ce soir peut-être, elle daignera se montrer.

Le gentilhomme descendit ses trois étages, arriva dans la rue et se dirigea vers la rivière, dans la direction de Notre-Dame.

Arrivé à la hauteur du Pont-Neuf, il entendit des cris et des vociférations, et vit une foule immense se rendant de partout au quai du Châtelet pour barrer le chemin à une voiture aux armes de la cour qu'escortait un peloton de mousquetaires la bride aux dents et l'épée au poing.

Cette voiture renfermait M. de Comminges, lieutenant des gardes, et le bonhomme *Broussel*, ce conseiller imbécille, pour qui Paris manqua faire une révolution.

Le peuple hurlait et se ruait, les mousquetaires essayaient de le maintenir à coups de plat de sabre, lorsqu'un coup d'arquebuse fut tiré et la collision faillit devenir sanglante.

Deux compagnies de gardes-du-corps, stationnées place Dauphine, arrivèrent pour charger; le peuple s'arma de pavés, de vieilles ferrailles, de tout ce qu'il put trouver, en un mot, et Roquefure se trouva pris entre deux feux, ou plutôt, car le feu n'avait point commencé, — entre la Fronde et les Mazarins. Les gardes chargèrent avec furie, la foule s'écarta et la voiture, arrêtée un moment, reprit sa marche; — mais à mesure qu'elle avançait, la foule menaçante devenait plus compacte et criait avec fureur : Vive Broussel!

Entraîné et presque porté, notre gentilhomme, qui avait prudemment laissé son épée au foureau, voulant demeurer neutre, se trouva à l'entrée de la rue de la Monnaie, et put voir les gardes refouler le peuple avec plus de vigueur encore par toutes les rues débouchant sur le quai.

Mais, en cet instant, une décharge de mousqueterie se fit parmi le peuple ; on commença une barricade, plusieurs morts roulèrent des deux parts, et Roquefure, sous peine d'être tué comme un poulet, se vit dans la fâcheuse et perplexe alternative de choisir un camp et de passer aux Mazarins ou aux Frondeurs.

— Pour qui serai-je ? se dit-il : pour Mazarin ? Je n'ai pas à me louer de lui. Pour le coadjuteur et Broussel ? je ne les connais pas... Bah ! soyons Mazarin...

Mais, comme il tirait son épée et s'apprêtait à se joindre aux gardes de Sa Majesté, une voix brève et impérieuse se fit entendre derrière lui, criant :

— Attention, mes enfants! et feu sur les Cardinalistes!

Le jeune homme tressaillit, se tourna et aperçut le capitaine Gâtechair de Maison-Rôtie avec son pourpoint orange, ses grandes jambes et sa moustache grise, debout sur la barricade, un mousquet à la main.

— Ah! morbleu! s'écria Roquefure, voilà qui me décide, je suis Frondeur!

Et il s'élança vers le capitaine et lui frappa sur l'épaule.

— Ah! ah! fit celui-ci, c'est vous? Il paraît que vous n'avez point encore votre canonicat, que vous venez parmi nous?

— Non, et cordieu! j'y renonce.

— A la bonne heure! Mais ce n'est pas

le moment de causer ; prenez un mousquet et taillons un peu de besogne à messieurs les gardes.

La barricade était formidable, et, partout aux alentours, il s'en élevait de pareilles ; les chaînes des rues étaient tendues et la voiture de M. de Comminges n'aurait pu, dix minutes plus tard, gagner le Palais-Royal. Heureusement elle y arriva à temps.

Mais alors les gardes, au lieu d'attaquer les barricades, se serrèrent par pelotons, et, suivant la même route, se retirèrent en bon ordre et presque sans coup férir.

Gâtechair et Roquefure demeurèrent donc les maîtres de la barricade, et, le danger passé, le capitaine jeta son mousquet sur l'épaule, prit son jeune ami par le bras et lui dit :

—Nous n'avons plus rien à faire ici, allons chez moi, et, si nous pouvons, chez M. de Beaufort.

— Je sais d'avance, continua-t-il, tout ce que vous allez me dire : vous sollicitez inutilement, vos pistoles tirent à leur fin et vous avez bonne envie de vous faire soldat.

—Justement.

—Eh bien ! si voulez me suivre, nous entrons en campagne dès demain ; car, à moins que le diable ne s'en mêle, il y aura quelque bon coup à frapper.

—Par exemple, ajouta-t-il, il se peut que notre tête soit l'enjeu de la partie.

— Hum !

— Dam! fit le capitaine, quand on a de l'ambition, il faut jouer gros jeu.

— Ça me va. De quoi est-il question?

— Ta! ta! ta! mon jeune coq, je ne le sais pas moi-même; mais au train dont vont les choses, il y aura de la besogne, soyez-en sûr.

Le capitaine et Roquefure enjambèrent les chaînes, passèrent par dessus les barricades et arrivèrent rue Saint-Honoré à l'hôtellerie du *Roi Charles IX*. Le sire de Maison-Rôtie demanda à souper, se fit servir dans sa chambre et s'y enferma avec Roquefure.

— Ça, dit-il en avalant le premier morceau, contez-moi donc ce que vous avez fait depuis six mois?

— Hélas! répondit Roquefure, je me suis présenté au cardinal, je lui ai remis ma lettre et, chaque jour, je vais faire antichambre avec ses gardes et ses courtisans, pour attendre de lui une réponse qu'il passe sans me donner. Je n'ai jusqu'ici que des promesses.

— Parbleu ! il n'a jamais fait que ça.

— Aussi, me voilà Frondeur et disposé à tout. Si vous pouvez m'avoir une casaque dans les gardes de M. de Beaufort, ou une sous-lieutenance dans votre compagnie, ou n'importe quoi....

— Peut-être.... et mieux encore si l'occasion se présente ; mais attendez, et répondez-moi.... Êtes-vous de bonne noblesse ?

— Excellente. Mon père était colonel d'un régiment du roi et nous allons à Malte.

— Très-bien ! Êtes-vous ambitieux ?

— Je voudrais être duc et pair.

— Vous pourrez le deviner. Écoutez : il y a longtemps que je cherchais à m'associer un bon compagnon qui fût ambitieux, gentilhomme et rude joûteur. Vous me convenez. Part à deux, vous garderez les honneurs, nous partagerons l'argent, et je vous pousserai si haut que, lorsque vous y serez, vous serez assez fort pour m'empêcher d'être pendu, le jour où j'aurai la goutte et ne serai plus à craindre. Par le temps qui court, quand on est jeune, noble, audacieux, on arrive à tout. Le cardinal n'a pas voulu vous faire l'aumône d'un *bénéfice*, ou vous serez roué vif avec moi, ou il vous donnera un brevet de capitaine de ses gardes et une comté qui vous rapportera de bons écus.

Quand il vous craindra, il fera tout pour vous.

— Ah! ça, mais, s'écria Roquefure ébloui, vous plaisantez, capitaine?

— Mon Dieu, non! je suis trop vieux et pas assez gentilhomme pour vouloir pour moi; je voudrai pour vous, nous pêcherons dans l'eau trouble, et nous partagerons. Seulement, je demeurerai dans la coulisse et vous seul paraîtrez.

— Au fait, dit Roquefure, j'ai de l'ambition, beaucoup; je risquerai vingt fois ma tête et j'arriverai.

— Admirablement parlé! corbleu!

— Mais que faisons-nous dès demain?

— Allons chez M. de Beaufort; il nous donnera sans nul doute une bonne petite mission où il y aura gros à gagner.

Le capitaine quitta, pour un autre

moins mûr, son pourpoint orange, peigna ses cheveux et sa barbe, retroussa ses moustaches et emmena notre jeune gentilhomme au travers des rassemblements et des barricades, chez M. de Beaufort, où il y avait une réunion des principaux Frondeurs.

III.

De l'accueil que le duc de Beaufort fit à notre héros et du message qu'il lui confia.

Le capitaine entra sans sourciller, salua cavalièrement et marcha droit à un groupe au milieu duquel M. de Beaufort gesticulait et tordait ses moustaches rousses en accablant de *lazzis* M. le Cardinal.

Autour de lui, le prince de Marsillac,— le même qui devait plus tard, sous le nom de duc de la Rochefoucaud, écrire ses *Maximes* célèbres, — l'abbé de Rivière, le prince de Conti, frère de M. le Prince, et plusieurs autres des principaux Frondeurs, approuvaient par leurs éclats de rire. De temps à autre, le bruit sourd de l'émeute montait de la rue, un émissaire arrivait pour donner des nouvelles, et les rires, les frottements de mains, les épigrammes recommençaient.

Monseigneur l'évêque de Corinthe, l'abbé de Gondi, coadjuteur de l'archevêque de Paris, était allé au Palais-Royal pour haranguer et gourmander la reine et le Cardinal : il y était allé en rochet et en camail, sûr d'avance qu'on lui refuserait la liberté de Broussel, et que dès-lors la Fronde aurait un prétexte plausible et un motif suffisant pour prolonger l'insurrection.

Et l'on attendait le retour du coadjuteur, que la reine ne pouvait faire arrêter en costume pontifical.

— Ah! parbleu! s'écria le duc en apercevant le capitaine, vous arrivez à propos.

— Comme toujours, répondit modestement Gâtechair, mais Votre Altesse me permettra de lui présenter ce gentilhomme qui lui est tout dévoué, de bonne noblesse, pauvre comme un cadet, ambitieux comme un prélat, brave comme Votre Altesse et de ma force en escrime.

— Tudieu! monsieur, fit l'Altesse en regardant Roquefure, voilà un panégyrique qui promet tout ce qu'on veut.

— Le portrait est flatté, répondit le cadet, mais si Votre Altesse me veut mettre à l'épreuve...

— Comment donc? mais j'ai de la besogne pour tous les gens de cœur...

— Oh! fit Gâtechair, monsieur de Roquefure est mon inséparable, et désormais je ne donnerai pas un seul coup d'estoc sans lui.

— Précisément, dit l'Altesse, j'ai quelque chose à vous donner à faire, Gâtechair.

— A vos ordres, monseigneur.

Le duc prit le capitaine par le bras, l'entraîna dans une embrasure de croisée et lui parla pendant quelque temps.

Roquefure, demeuré seul, suivait des yeux les groupes divers du salon, quand un grand bruit se fit au dehors, interrompit toutes les conversations, celle de l'Altesse elle-même, — et monseigneur de Corinthe entra fort pâle et suivi du maréchal de Meilleraye :

— Messieurs, dit-il en entrant, Sa Majesté la reine régente vient de signer l'élargissement de ce digne monsieur Broussel et le peuple s'apaise.

Le duc de Beaufort se mordit les lèvres, et il dit, en ricanant, au maréchal :

—C'était bien la peine de le faire arrêter... Vous verrez, monsieur le maréchal, que tant qu'on n'aura pas fait pendre le Mazarin, la cour ne fera que des sottises.

— Votre Altesse est en verve ce soir, répondit poliment le maréchal, et je n'aurai garde de lutter d'esprit avec elle, elle me battrait. Mais j'avais mission d'accompagner monsieur le coadjuteur et je retourne à mon service près du roi.

— Allez! allez! mon cher maréchal, mais dites bien à ce damné Mazarin qu'il me paiera cher les six années que j'ai passées à Vincennes.

Le maréchal sourit et se retira.

Quand il fut parti, tous les fronts se rassombrirent. L'émeute se calmait, la reine triomphait, la journée était perdue. Le petit coadjuteur était ivre de colère et de dépit; il frappait du pied, se démenait et lâchait parfois de gros jurons fort peu canoniques.

Le duc dit encore à Gâtechair :

— Il ne faut plus songer à ce que je vous disais tantôt. Mais il est urgent d'avertir monsieur le Prince, qui a son quartier-général à Lille. Je vais me consulter avec

Conti et le coadjuteur, et vous pouvez vous tenir prêt à partir.

— La chose ne sera pas aisée, car le Cardinal va sans nul doute échelonner toute la maison du roi aux alentours de Paris; mais, fallût-il passer sur le corps d'une compagnie de mousquetaires tout entière, nous arriverons.

—Bien, mon vieux brave, dit l'Altesse, je te reconnais là : toujours audacieux et ne comprenant pas le mot *impossible*.

— Parbleu ! il n'est pas français.

—Messieurs, continua le duc en présentant Roquefure à son entourage, voici monsieur le chevalier de Roquefure que me recommande ce brave capitaine; je l'attache à ma maison dès aujourd'hui, et je vous saurai gré de lui vouloir du bien.

— Tiens! fit le prince de Marsillac,

mais le nom de ce gentilhomme m'est parfaitement connu ; son père devait commander, à la Rochelle, le régiment de Royal-Navarre?

— Précisément, répondit Roquefure en s'inclinant.

— Et j'ai eu le plaisir de voir monsieur à Saint-Germain, dit l'abbé Rivière, qui, tout Frondeur qu'il était, avait ses petites entrées au lever du Cardinal. Monsieur sollicitait un *bénéfice?*

— Oui, monsieur l'abbé, mais j'y renonce, et je crois même que puisque Son Altesse me prend à son service, je ferai un meilleur soldat que je n'eusse fait un chanoine convenable.

—Bah! dit le coadjuteur, la soutane ne gêne pas l'épée : tout prélat que je suis, je ne compte plus mes duels.

—Hélas! fit hypocritement Roquefure, votre grâce seule peut impunément mener l'Église et la guerre de front. Un cœur et un esprit moins grands y perdraient leurs peines, et Dieu me garde d'essayer!

Le compliment plut à tout le monde en général et au prélat en particulier.

—Vous êtes un garçon d'esprit, dit-il, et si je vous peux être utile...

Roquefure s'inclina et baisa la main du coadjuteur.

Gâtechair jouissait silencieusement de l'ovation faite à son élève, et se disait *in petto*.

— Décidément, ce jeune homme me plaît et je le pousserai.

Puis il s'approcha de lui :

— Venez, dit-il à mi-voix, allons seller nos chevaux.

Roquefure s'inclina devant son Altesse et sa petite cour, et suivit son mentor.

— Mon jeune coq, fit le capitaine en allongeant ses grandes et maigres jambes, vous êtes en faveur déjà, et si nous sortons avec honneur de la petite campagne que nous allons faire cette nuit, vous aurez tout-à-fait le pied à l'étrier.

— Oh ! mordieu ! s'écria le jeune homme tout fier de l'accueil qu'on venait de lui faire, je suis prêt à vous suivre en enfer, s'il le faut.

— Non, mais en Flandre. Nous allons à Lille ; et nous pouvons nous attendre à ne pas remettre une seconde fois la rapière au fourreau : il en faudra découdre jusqu'à Saint-Denis.

— Montrez-moi le chemin, je vous suis.

— Non, morbleu! vous me précéderez, au contraire, l'honneur vous en reviendra tout entier. Car moi, voyez-vous, je suis vieux, je n'ai plus d'autre ambition que celle de me retirer avec quelques milliers d'écus dans ma terre de Maison-Rôtie, et je ne tiens plus du tout à jouer un rôle. Et puis, ma bravoure est si proverbiale aujourd'hui, on s'est si bien accoutumé à dire: « Il n'y a que Gâtechair capable d'un pareil coup, brave comme Gâtechair, etc.., » que je détruirais un régiment, moi tout seul, qu'on n'y ferait pas attention. Vous, au contraire, vous êtes jeune, inconnu encore, vous êtes beau garçon : votre premier coup d'éclat vous grandira auprès des femmes, et ce sont elles qui font les réputations. Ah ! si j'avais été beau, moi, et quelque peu gentilhomme. . je serais maréchal de France. Vous serez donc la tête, je serai le bras ; vous prendrez les titres, les parchemins, les brevets, tout ce qui vous tombera sous la main. Nous partagerons les pistoles.

— Soit. Et la plus grosse part sera pour vous.

— Il y en aura pour tous deux, soyez tranquille.

Le capitaine et Roquefure arrivèrent ainsi aux écuries de M. de Beaufort, sellèrent deux excellents chevaux et garnirent les fontes de longs pistolets chargés jusqu'à la gueule. Quand ce fut fait :

— Allez, dit Gâtechair, remontez chez le duc et attendez qu'il vous remette le message destiné à M. le Prince.

Roquefure partit, et, en l'attendant, le capitaine de reîtres s'assit gravement sur une botte de paille, tira de sa poche une pipe et se prit à fumer en combinant son plan de sortie, — ce qui, il faut l'avouer, — n'était nullement commode, car, selon toute apparence, le premier soin de la cour avait dû être d'intercepter toute communication entre le parlement et la ville de Paris, et l'armée de M. le Prince qui comptait son frère et sa sœur parmi les Frondeurs, et l'était lui-même de cœur et d'âme.

Roquefure revint bientôt.

Notre jeune cadet, brusquement porté sur la route de la fortune et arraché en quelques heures à l'avenir étroit et incertain qu'il osait à peine espérer, était radieux; et puis, comme tous les amoureux de son âge, il avait cette fièvre chevaleresque qui monte du cœur au cerveau qu'elle exalte, et fait paraître aisées les choses les plus difficiles à accomplir. Roquefure était amoureux et ambitieux tout à la fois; il pouvait mener de front ces deux passions si dissemblables, car, en se grandissant aux yeux de tous, il se grandirait aux yeux de la femme qu'il aimait, — et l'on comprend dès-lors que, surexcité par ce double aiguillon, il se sentit capable de faire des prodiges.

Gâtechair sourit avec bonhomie, brida les chevaux, et mettant le pied à l'étrier :

— Ramenez votre manteau sur vos yeux, et ventre à terre! c'est le moyen de n'être pas arrêté à chaque pas.

— Quelle route prenons-nous?

— Celle de Saint-Germain d'abord ; hors des lignes, nous prendrons à droite.

Les deux aventuriers prirent au galop par la rue Saint-Honoré, franchissant les barricades, renversant les bourgeois et les badauds stationnés sur leur route, et distribuant par-ci, par-là, des coups de plat d'épée pour s'ouvrir un passage.

IV.

De la rencontre que Roquefure et son compagnon firent d'un carrosse de la cour, et comment ils s'en servirent.

Jusqu'ici, nous n'avons dépeint que bien imparfaitement les deux héros de notre histoire; mais nous sommes de ceux qui pensent que la manière la plus vraie et la plus simple de tracer des caractères est de les mettre en action. C'est à l'œuvre que nous vous montrerons le capitaine Gâte-chair de Maison-Rôtie, type commun à ce temps-là, bravo policé, enté sur gentilhomme, tenant du Gascon par ses ruses, du Parisien par son audace; bon homme au fond, détestant Mazarin pour son avarice, aimant M. de Beaufort pour sa magnificence, mais, au demeurant, sans conviction politique.

Nous verrons également à l'œuvre notre jeune cadet, brave, courtois, généreux, le cœur chaud et la tête plus chaude encore, mais tout aussi rusé que son mentor et sachant se posséder au besoin.

Donc, tous deux couraient ventre à terre au travers du faubourg Saint-Honoré, lorsque, à l'approche de la porte Chaillot, le capitaine arrêta brusquement son cheval et se prit à examiner un carrosse escorté par deux cavaliers, et qui gravissait avec une lenteur affectée le demi-talus qui termine la rue du Faubourg-du-Roule.

— Hum! grommela-t-il, voilà qui ferait parfaitement notre affaire!

Et il s'approcha du carrosse, comme pour le flairer, et mit son cheval au même pas :

— Ce sont des mousquetaires, dit-il tout bas à Roquefure; et dans ce carrosse il y a quelqu'un de la cour... Sangdieu! il faut que ce carrosse soit à nous!...

Roquefure ralentit également l'allure de son cheval, et couvrit soigneusement son visage avec son manteau.

Cependant, les deux cavaliers, se voyant suivis, tournèrent la tête d'un air inquiet, cherchant à reconnaître les nouveaux venus ; mais la nuit était sombre, et ils ne purent deviner autre chose, si ce n'est que le capitaine et son compagnon suivaient, comme eux, la route de Saint-Germain.

L'agitation du peuple, quoique calmée par la restitution de Broussel, était grande encore. Mazarin avait jugé prudent de quitter Paris avec la reine et le jeune roi, et toute la cour s'était donné rendez-vous au château de Henri IV, à Saint-Germain. Sans nul doute, ce carrosse s'y rendait pareillement, et soit prudence de la part des mousquetaires, soit qu'ils les prissent pour des officiers de la maison du roi, comme eux, ils ne jugèrent pas à propos d'interpeller le capitaine et Roquefure tout d'abord.

Le carrosse arriva à la porte Chaillot,

qui s'ouvrit sans hésitation ; les mousquetaires passèrent après lui, et en même temps nos deux Frondeurs, que le poste crut faire partie de l'escorte.

Mais à peine la porte se fut-elle refermée derrière lui, que le carrosse, quittant son allure paisible, partit avec rapidité, et les mousquetaires mirent leurs chevaux au grand trot.

— Ça, dit le capitaine, au galop, mon maître !

Et tous les deux suivirent le carrosse. Mais cette fois l'un des mousquetaires se retourna brusquement :

— Holà ! cria-t-il, qui êtes-vous et pourquoi nous suivez-vous ?

— Qui nous sommes ? répondit railleusement Gâtechair, cela ne vous regarde pas, mon gentilhomme. Pourquoi nous vous suivons? Cela ne vous regarde pas non plus.

— Hein! fit le soldat furieux. Savez-vous que nous sommes des mousquetaires du roi?

— Parbleu! oui.

— Eh bien! alors, au large!

Et le mousquetaire mit flamberge au vent et s'arrêta court.

— Roquefure, cria le capitaine, occupez-vous de ces messieurs; moi, je reviens vous dégager.

Et sans attendre de réponse, Gâtechair poussa son cheval au galop, dépassa le carrosse et, ajustant un des chevaux, l'étendit raide mort d'un coup de pistolet. Le carrosse s'arrêta. En même temps, notre jeune cadet, arrêtant brusquement le sien, tenait tête aux deux mousquetaires qui venaient de faire volte-face. A cette époque, le bois de Boulogne s'étendait beaucoup plus au nord qu'il ne le fait aujourd'hui, et Neuilly et cette belle avenue qui part de la barrière de l'Étoile, n'étaient qu'une forêt sombre et touffue que traversait la route de Paris à Saint-Germain.

Le lieu était solitaire et fait exprès pour un coup de main.

Quand il eut mis le carrosse dans l'impossibilité de continuer sa route, Gâtechair, sans s'occuper du cocher, ivre de peur sur son siége, et des personnes qui étaient dedans et que la surprise paralysait au point de les empêcher de donner tout d'abord signe de vie,— Gâtechair revint au galop au secours de Roquefure sur qui les deux mousquetaires étaient tombés avec furie.

— Part à deux ! s'écria-t-il ; à chacun son homme, mes maîtres!

Et il fondit sur eux comme la foudre ; mais un cri sourd retendit soudain au milieu du cliquetis des épées, et l'un d'eux vida lourdement les arçons et roula sur l'herbe : — Roquefure lui avait crevé la poitrine d'un vaillant coup droit.

— Bien touché! exclama le capitaine, bien touché! à l'autre! s'il ne se rend.

— Me rendre! hurla le mousquetaire au visage duquel Gâtechair porta la pointe de sa terrible épée.

— Parbleu! nous sommes deux, vous êtes seul, c'est bien plus sage. Et tenez, comme nous sommes pressés, ajouta le capitaine en armant son second pistolet avec un calme effrayant, si vous ne le faites à l'instant, je vous brûle le crâne.

Le mousquetaire poussa un cri de rage et jeta son épée.

— A la bonne heure! fit Gâtechair, vous êtes un brave gentilhomme, et nous en rendrons compte. En attendant, vous êtes mon prisonnier.

—Soit. Que voulez-vous de moi?

— Absolument rien. Vous nous suivrez avec ce carrosse.

En ce moment, une voix rauque et hargneuse, lâchant un gros juron, se fit entendre, et une tête effarée passa par la portière du carrosse en demandant :

— Qu'est-ce? qu'y a-t-il? que signifie?

— Ah! morbleu! exclama joyeusement Gâtechair, monsieur de Beaufort ne s'attend point à cela, sans nul doute. Eh! mais, c'est monsieur le maréchal... il n'y a que lui qui puisse jurer ainsi!

— En effet, dit le mousquetaire, c'est monsieur de Villeroy, le gouverneur de Sa Majesté que nous escortions à Saint-Germain.

— Ah! fit hypocritement le capitaine en s'approchant du carrosse, le chapeau à la main, nous sommes désolés, monsieur le maréchal, de ce qui arrive...

— Qui êtes-vous? demanda brusquement le maréchal, furieux, et d'où vous vient cette audace?

— Hélas! monseigneur, nous sommes de pauvres Frondeurs qui se rendent auprès de monsieur le Prince et qui ont besoin de votre carrosse. Ça, Roquefure, priez monsieur le mousquetaire de vous aider, ainsi que cet imbécille de cocher, à remplacer le cheval mort par un vivant, et dans le cas où ils hésiteraient, souvenez-vous, mon très-cher, que vous avez une paire de pistolets dans vos fontes.

— C'est inutile, dit dédaigneusement le garde ; je cède à la force, et j'obéis.

Mais le maréchal, qui dormait lorsqu'avait retenti le coup de feu, et qui, revenu de son sommeil, finissait par comprendre, entra en fureur.

— Qu'est-ce à dire, maraud ? s'écria-t-il en voulant ouvrir la portière et levant déjà sa canne. Ignorez-vous qui je suis, triple impertinent ?

— Hélas ! monseigneur, nous vous connaissons trop bien, moi surtout, qui ai servi sous vos ordres, pour que l'ombre d'un doute nous soit possible.

— Eh bien ! dit le maréchal en se rengorgeant, me laisserez-vous aller?

— Impossible, monseigneur.

— Comment, maraud, impossible?

— Monsieur le duc oublie, ou plutôt ne sait pas que je suis gentilhomme et qu'entre gentilshommes on se doit quelques égards....

— Eh bien! en ce cas, fit le maréchal d'un ton bourru, parlez, que voulez-vous?

— Prier monsieur le duc de nous conduire jusqu'au quartier général de monsieur le Prince.

— Qu'avez-vous besoin de moi?

— Sans lui nous serons arrêtés infailliblement.

— Voulez-vous un laissez-passer?

Le vaillant capitaine hésita :

— Non, dit-il vivement, nous préférons aller de compagnie avec un maréchal de France. C'est très-utile surtout par le temps qui court ; qui oserait arrêter le gouverneur de Sa Majesté?

— Mais je ne veux ni vous suivre ni vous conduire !

— Monsieur le maréchal est trop prudent pour nous exposer, en refusant, à lui brûler la cervelle,—et il est trop brave pour ignorer qu'en pareille circonstance céder à la force soit lâcheté au lieu de raison.

— Misérable ! oseriez-vous ?

— Tout, monseigneur. D'ailleurs, si vous en doutez, veuillez vous souvenir d'un certain capitaine que vous aviez sous vos ordres jadis et qui faillit se faire sauter, dans un bastion, avec deux cents Espagnols qui le retenaient prisonnier et qui le laissèrent aller stupéfaits.

Ces mots réveillèrent un vieux souvenir dans la tête du maréchal.

— Gâtechair! s'écria-t-il.

— De Maison-Rôtie, Monseigneur; moi-même, et toujours votre serviteur très-humble.

— Traître! grommela le maréchal.

— Il n'y a de trahison que dans les événements; pourquoi n'êtes-vous pas de la Fronde, Monseigneur?

— Gâtechair, je te ferai pendre.

— Si Votre Seigneurie le peut, elle sera parfaitement dans son droit; mais, en attendant, comme elle est en mon pouvoir et en celui de monsieur de Roquefure...

— Roquefure, mon vieux colonel de Royal-Navarre, serait-il avec toi?

— Non, mais son fils.

— Oh ! alors, fit le maréchal, j'ai affaire à bonne partie. Monsieur le capitaine, je cède à la force, mais je témoignerai de la violence dont je suis victime, et je vous ferai rouer vif.

— Je souhaite de tout mon cœur que Votre Seigneurie ne le soit pas elle-même.

— Ça, continua le capitaine, est-ce fini, Roquefure ?

— Parbleu ! oui, répondit le jeune homme.

— Eh bien ! priez monsieur le mousquetaire de monter dans le carrosse de monsieur le maréchal et de s'asseoir près de lui. Fermez la portière et tenez-vous-y. L'autre me regarde. Holà ! cocher, tourne bride, route de Saint-Denis, et ventre à terre, par ordre de monsieur le maréchal.

— Non pas, non pas..., voulut dire monsieur de Villeroy.

— Si fait, dit Gâtechair. Monsieur le maréchal a un message important du Cardinal et de la reine-mère pour monsieur le Prince. Monsieur le maréchal se rend à son quartier-général en poste, et il est escorté par deux braves gentilshommes, monsieur le chevalier de Roquefure et le capitaine Gâtechair de Maison-Rôtie. Un mousquetaire du roi l'accompagne, et, ainsi conduit, il peut aller partout et sans crainte. Monsieur le mousquetaire du roi, je vous charge de demander à chaque relai des chevaux pour monsieur le maréchal, et, en cas d'hésitation de votre part, je supplie mon ami. le chevalier de Roquefure, de vous brûler incontinent et poliment la cervelle. Je supplie, en outre, monsieur le maréchal de se tenir tranquille et de ne me contredire en rien; car, s'il faisait le contraire, foi de Gâtechair! j'aurais la douleur d'user du même procédé à son égard.

Le ton du capitaine était si froid, sa mine et celle de son compagnon si résolues, que le maréchal et le mousquetaire se turent, décidés à obéir.

— Et toi, cocher, dit le vieux reître, je te tue comme un lièvre si tu sourcilles. Fouette et *presto*, comme dit ce méchant gueux de Cardinal.

Le carrosse tourna bride et partit grand trot; Roquefure et Gâtechair coururent aux deux portières l'épée au poing, et une heure après, le maréchal roulait sur le pavé inégal de Saint-Denis.

Sur toute la ligne, aux alentours de Paris, il y avait des troupes échelonnées et le carrosse dut s'arrêter plusieurs fois; mais Gâtechair jetait tout haut aux importuns le nom du maréchal suivi de ces mots magiques : Service du roi ! Le mousquetaire montrait, sur l'injonction tacite de Roquefure, la casaque rouge en mettant la tête à la portière, et les voyageurs continuaient leur route.

A Saint-Denis, selon ses instructions fort précises, le mousquetaire demanda des chevaux et l'on relaya : — à Enghien pareillement, et sur toute la route, il en fut de même.

Quand le carrosse roula en pleine campagne et loin de Paris, tandis qu'il passait silencieux à travers les grands arbres et sous les rayons de la lune, le capitaine, se relâchant un peu de son austère surveillance sur le maréchal et éprouvant le besoin de desserrer les dents, laissa sa portière libre et passa à celle de gauche, où se tenait Roquefure.

— Eh bien! mon jeune maître, dit-il, à quoi rêvons-nous?

Et, en effet, Roquefure, emporté au trot de son cheval, rêvait comme on rêve à vingt ans, quand on aime et qu'on court par une belle nuit d'hiver, au milieu d'une plaine silencieuse, plein d'une douce mélancolie.

— Ah! c'est vous, capitaine, dit-il, et comme s'éveillant en sursaut d'un rêve charmant. Qu'y a-t-il?

— Il y a, sang du Christ! que nous n'a

vons point encore, depuis quatre heures que nous galopons, échangé un seul mot, et que je m'ennuie à mourir.

— Eh bien ! causons !

— Que pensez-vous de notre début ?

— Pas mal, mais vous avez, sans le savoir, fait un joli coup.

— Et quoi donc ?

— Mon cher capitaine, dit gravement Roquefure, savez-vous que je suis amoureux ?

— Non, mais je m'en doutais, à vous voir tout-à-l'heure les yeux aux ciel et vous dandinant sur l'étrier. Le mal n'est pas grand, après ?

— Après, mon cher, la femme que j'aime est mademoiselle de Sault, la nièce de ce pauvre maréchal que nous enlevons.

— Ah ! fichtre !

— Vous sentez que pareille équipée n'avancera guère mes affaires.

— Bah ! les femmes vous pardonneront tout, hors une chose, d'être lâche et vertueux. Soyez brave et libertin, tuez leur mari en duel, rossez leurs valets, maltraitez leurs gens, pourvu que vous soyez vaillant comme Bayard, audacieux comme votre serviteur, elles seront fières et raffoleront de vous. Cet enlèvement nous grandira de cent coudées, vous du moins.

— Ah ça, demanda Roquefure, pourquoi avons-nous tué un mousquetaire et enlevé le maréchal ?

— Pour dépasser les lignes des troupes royales sans danger, c'est simple.

— Eh bien ! les voilà dépassées ; nous ne craignons plus rien, nous sommes en rase campagne et, au train dont nous allons, nous serons dans quinze heures auprès de M. le Prince : pourquoi ne pas renvoyer ce pauvre maréchal ?

— Hein? fit Gâtechair.

— Eh bien?

— Eh bien ! mais, mon bon ami, c'est une éponge trop pleine pour ne la point presser un peu. Oh! mille diables! on n'a pas tous les jours un maréchal, gouverneur du roi, en son pouvoir. Quand on le tient, il en faut profiter. Nous le garderons jusqu'à nouvel ordre.

— Soit, mais vous compromettez diablement mes amours.

— Ils sont donc bien peu avancés?

— Si peu, mais si peu, qu'on n'a encore répondu à aucune de mes lettres, que depuis six mois je n'ai pas obtenu un regard et que j'ai perdu ma peine en m'allant loger en face de ma belle ; j'espérais la voir, à ses croisées, elle n'y paraît pas.

— Hum ! fit le capitaine, quelle maîtresse redoute ! bah ! bah ! quand elle saura que vous avez proprement transpercé un mousquetaire et emmené son oncle de force, en ma compagnie, elle s'adoucira.

— Dieu le veuille! mais je n'y crois guère.

— Ah ça, mademoiselle de Sault ? mais c'est une fille d'honneur ?

— Oui.

— Comtesse de son chef ?

— Tout juste.

— Brune, de grands yeux bleus, grande, svelte, vingt ans environ ?

— Précisément.

— Et fort riche avec cela?

— Hélas !

— Ah ! jeune homme, vous êtes fort heureux, car je me mets en tête que vous l'épouserez, et foi de Gâtechair ! cela sera !

— Dieu vous entende !

Ainsi discourant, le capitaine et Roquefure continuèrent leur course avec le carrosse.

Au jour, on atteignit Compiègne, M. le maréchal demanda à s'arrêter pour déjeûner ; Gâtechair lui fit apporter une volaille et deux bouteilles de Bordeaux, et s'excusa de l'importance de son message qui le forçait à ne point arrêter. Et il donna l'exemple à ses deux prisonniers en mangeant une croûte sur le pouce et sans mettre pied à terre. On relaya et le carrosse repartit.

Le maréchal courut ainsi toute la journée; le soir, il arrivait en vue des retranchements de M. le Prince.

— Ah! ça, dit-il au capitaine, vous n'avez plus besoin de moi maintenant, et vous allez me laisser aller.

— Oh! fi! Monseigneur, répondit Gâtechair, avez-vous espéré que, vous ayant ainsi cahoté pendant trente heures et presque à jeun, nous vous laissions aller sans dîner et vous reposer?

— Mais je ne veux pas avancer plus loin!

— Mon Dieu! monsieur le maréchal, dit froidement Gâtechair, que vous avez l'humeur agaçante! Vous savez que je hais les contradictions et que, lorsque je me suis fait une idée, je deviens entêté comme un Breton! et malgré cela, vous vous plaisez à me contrarier. Je me fais une fête de vous voir dîner avec M. le Prince; par grâce, ne me chicanez pas là-dessus. Roquefure, mon ami, continua le capitaine, vous êtes plus gentilhomme que moi et je vous cède les négociations et le rôle d'ambassadeur; je vous charge de présenter monsieur le maréchal à monsieur le Prince et de le supplier, au nom du duc de Beaufort, de le vouloir bien garder en otage, jusqu'à ce que ce petit monsieur de Mazarin ait voulu faire signer à la reine la libération de ce pauvre prince.

Le maréchal poussa un cri de rage et voulut se débattre, mais Gâtechair fit tranquillement sonner la noix de ses pistolets, et le duc se contint.

Une heure après, M. le Prince, émerveillé, donnait à Roquefure un brevet de lieutenant dans ses gardes, faisait compter cent pistoles à Gâtechair, et invitait M. de Villeroy à dîner, en lui disant de sa voix légèrement railleuse :

— Vous ne trouverez point ma cuisine aussi bonne que celle du roi ou de mons *Mazarini;* mais vous le savez, monsieur le maréchal, à la guerre comme à la guerre! Et d'ailleurs, ajouta-t-il avec une bonhomie perfide, vous avez fait une trotte si longue, pour venir me rendre visite, que vous devez être en grand appétit ce soir.

V.

Le petit lever de M. le cardinal Jules de Mazarin, premier ministre.

Dans la nuit qui suivit l'élargissement de Broussel, la reine-mère, le jeune roi, M. le Cardinal et toute la cour s'étaient prudemment réfugiés à Saint-Germain.

Le lendemain, on apprit qu'un mousquetaire rouge avait été trouvé raide mort et frappé en pleine poitrine, à l'entrée du bois de Boulogne ; que le maréchal de Villeroy, parti à neuf heures du Palais-Royal, n'avait pas reparu, et qu'à côté du mousquetaire on avait retrouvé le cadavre d'un cheval qui avait été reconnu pour l'un de ceux du maréchal.

L'alarme se répandit dans le château ; la reine entra en fureur ; M. le Cardinal envoya des espions sur toutes les routes, à la recherche du maréchal. Le soir, il fut constaté que M. de Villeroy avait pris des chevaux de poste à Saint-Denis, Enghien, etc., et qu'il avait dit se rendre au camp de M. le Prince, par ordre et pour le service de roi.

Or, le maréchal était mortellement brouillé avec la Fronde en général et avec

M. le Prince en particulier; de plus, il n'avait reçu aucun ordre, aucun message. Il était donc impossible qu'il eût, de plein gré et pour son bon plaisir, pris la route des Flandres.

Ici, le mystère se compliquait, et il était évident que la Fronde avait enlevé le maréchal.

Cependant Paris était redevenu calme; les gardes circulaient dans toutes les rues sans être insultés; les barricades avaient été enlevées; M. le coadjuteur s'était fait bénin et patelin; M. de Beaufort était retourné sans bruit ni trompette dans sa terre de Vendômois, de peur d'être arrêté de nouveau et logé pour six autres années au château de Vincennes. Bref, la Fronde faisait une halte, et le Parlement semblait attendre une meilleure occasion.

D'où partait donc le coup?

Le Cardinal se grattait l'oreille et ne comprenait pas, malgré sa perspicacité ; — et la cour ne comprenant pas davantage, se livrait à mille commentaires.

Trois jours s'écoulèrent ainsi.

Enfin le quatrième au matin, tandis qu'on levait M. le Cardinal et que son coiffeur parfumait ses cheveux et peignait sa barbe, le capitaine des gardes vint annoncer l'arrivée d'un messager de M. le Prince.

— Faites entrer, dit le Cardinal.

Deux minutes après, notre ami le chevalier de Roquefure, portant l'uniforme bleu et blanc des gardes de M. le Prince, entra dans le cabinet de toilette et salua jusqu'à terre.

L'œil perçant de Mazarin inventoria

d'un seul coup cette modification de costume et d'allure apportée chez son solliciteur de la veille; mais le Cardinal était trop roué pour paraître s'en apercevoir :

— Ah! dit-il, c'est vous, *monsu de Roquefure*, vous venez me parler encore de votre bénéfice? et vous êtes allé demander une lettre de recommandation pour moi à *monsu le Prince;* c'est fort bien, fort bien : mais c'était bien *inoutile*, car j'ai signé votre nomination à *oun* canonicat *depouis* hier.

Roquefure écouta cette tirade avec un très-beau sang froid et répondit :

— Hélas! je suis au désespoir de ne pouvoir accepter les bienfaits de Votre Éminence, comme je l'aurais fait, il y a huit jours encore; mais Votre Éminence voit à l'habit que je porte que j'ai renoncé à l'Église et que j'appartiens aujourd'hui à M. le Prince, en qualité de lieutenant de ses gardes.

— Ah ! ah ! fit le Cardinal jouant l'étonnement ; et pourrais-je savoir ce qui me vaut l'honneur de votre visite ?

— Je suis à cette heure l'ambassadeur de M. le Prince auprès de Votre Éminence.

— *Corpo di Bacco !* s'écria Mazarin, l'ambassadeur. Est-ce que *monsu* de Condé nous traite en ennemi !

— Hélas ! je l'ignore, monseigneur. Mais je suis chargé de vous présenter, en son nom, certaines pièces où il manque la signature de madame la reine.

— Ah ! *peccaire !* voyons les pièces ?

Roquefure plaça sous les yeux du Cardinal un rouleau de parchemins qui n'était autre qu'un ordre d'élargissement rédigé par le parlement lui-même et par lequel la reine déclarait M. de Beaufort parfaitement libre et à l'abri d'une arrestation à venir. Le tout devait être scellé du grand sceau et servir de firman protecteur à l'altesse, sur qui pesait, depuis son évasion, comme une épée de Damoclès, l'austère figure du vieux Guitaut qui l'avait autrefois arrêté au Louvre dans la salle des gardes et qui le pouvait faire encore à la première occasion.

— *Corpo di Bacco!* s'écria Mazarin, en frappant du poing sur la table et s'arrachant aux soins obséquieux du parfumeur, est-ce que *monsu* le Prince s'imagine que je vais signer cela?

— Non pas Votre Éminence, mais Sa Majesté la reine régente.

— Ah ! *peccaire !* fit le Cardinal, vous pouvez retourner, *monsu* de Roquefure, comme vous êtes venu. C'est parfaitement *inoutile* d'en parler à la reine.

— La reine n'a rien à refuser à Votre Éminence, repondit le jeune lieutenant avec beaucoup de sang-froid ; et quand elle saura que son cher et fidèle maréchal de Villeroy attend, sous la sauvegarde de M. le Prince, qu'il lui plaise de signer ce papier, pour recouvrer sa liberté et venir reprendre son service auprès du roi, elle s'empressera de lui être agréable.

— *Démonio ! Monsu*, c'est donc pour cela que le maréchal est prisonnier ?

— Hélas ! Votre Éminence l'a dit.

— Et qui l'a fait prisonnier ?

— Votre serviteur, monseigneur.

— Comment, *monsu*, vous avez osé arrêter un maréchal de France, le gouverneur du roi?

— Oui, Votre Éminence.

— Mais savez-vous que je puis vous faire pendre?

— Je le sais, monseigneur; mais la vie de M. le maréchal répond de la mienne, et vous conviendrez que la satisfaction de pendre un mince gentilhomme est trop minime pour la payer de la tête d'un maréchal de France.

Mazarin était pris. Alors, reprenant sa souplesse habituelle, il se fit conter complaisamment les détails de l'enlèvement nocturne, riant comme un fou et s'extasiant sur le courage et l'adresse de Roquefure et du capitaine.

Le jeune cadet, qui se sentait en sûreté sous la sauvegarde du maréchal, déploya toute sa verve méridionale et rapporta jusqu'aux jurons de M. de Villeroy et à la grimace de possédé qu'il fit en acceptant le dîner de M. le Prince.

Mazarin se tenait les côtes.

— Ah ça, dit-il en reprenant son sérieux, si la reine refuse de signer?

— Le maréchal demeurera prisonnier, et le jour où M. de Beaufort sera arrêté, M. le Prince le fera fusiller.

— *Démonio!* exclama le Cardinal.

— En outre, si mon ami le capitaine Gâtechair, qui m'a suivi et qui retournera auprès de M. le Prince, tandis que je porterai ce parchemin tout signé au duc de Beaufort, si mon ami le capitaine Gâtechair, dis-je, n'est pas de retour dans trois jours, le mousquetaire que nous avons enlevé avec monsieur le maréchal sera pendu.

— Ah ! *peccaire* ! Et s'il est de retour ?

— M. le maréchal arrivera le lendemain.

Un éclair passa dans les yeux du Cardinal, mais Roquefure n'y prit garde.

— C'est bien, dit-il, donnez-moi ce parchemin et revenez dans une heure, la reine aura signé. *Monsu* de Roquefure, ajouta le Cardinal d'un ton d'amabilité charmante, je regrette beaucoup que vous soyez au service de *monsu* le Prince, car je serais flatté de vous avoir au mien, et si jamais vous vous en dégoûtiez, vous pouvez venir me voir, j'aurai pour vous un brevet de lieutenant. Mais vous êtes tout poudreux, mon cher *monsu* de Roquefure, vous avez fait *oune* longue route et vous devez avoir de l'appétit, si vous voulez accepter le déjeuner de mes gardes?...

— Hum ! vieux renard, pensa Roquefure, si le maréchal n'était pas là-bas, au lieu de m'offrir à déjeuner, tu m'enverrais à la Bastille.

— Je remercie Votre Éminence, reprit-il tout haut, mais j'ai une mission du maréchal pour une personne qui lui est chère et qui doit être au château.

— Sa nièce ? fit le Cardinal.

— Oui, monseigneur.

— Une fort belle personne?

— Oui, monseigneur.

— Et dont vous êtes amoureux, à ce qu'on m'a dit?

Roquefure rougit :

— Mon Dieu! dit-il, Votre Éminence veut plaisanter...

— Allez, allez, monsu le chevalier, fit le Cardinal avec un sourire plein de bonhomie, c'est de votre âge, et cela vous est bien permis; mais n'oubliez pas votre parchemin, qu'attend cet excellent monsieur de Beaufort.

Le Cardinal sourit d'un petit rire diabolique et congédia Roquefure.

Quand il fut sorti, le Cardinal se prit à rire de nouveau et grommela :

— Hum! hum! j'ai trouvé le moyen d'avoir monsu le maréchal *gratis pro Deo*. Mon petit *monsu* de Roquefure vous paierez oun peu cher cette escapade!

Et le Cardinal prit le parchemin, et lorsqu'il fut suffisamment savonné et parfumé, il ouvrit une porte qui donnait sur un corridor secret, et s'en alla chez la reine sans faire le moindre bruit.

VI.

Comment Mlle de Sault reçut des nouvelles du maréchal de Villeroy, son oncle.

Depuis que la reine-régente était à Saint-Germain, les filles d'honneur étaient logées au château.

Mademoiselle de Sault, comtesse de son chef en vertu d'un édit royal, et l'une de celles qu'Anne d'Autriche affectionnait entre les autres, occupait une petite chambre attenant à l'appartement de la reine, et remplissait auprès d'elle les fonctions de camériste.

Or, ce jour-là, mademoiselle de Sault, en négligé du matin, abandonnait sa chevelure aux mains savantes de sa femme de chambre, et prêtait une oreille distraite au gentil verbiage de la soubrette, qui passait méchamment en revue les défauts de mesdemoiselles les filles d'honneur, à commencer par l'épaule un peu tournée de l'une, jusqu'aux doigts légèrement écrasés de l'autre.

Mais tout-à-coup le monologue perpétuel de la petite bavarde s'arrêta sur un sujet beaucoup plus piquant, si l'on en juge par l'effet que ces quelques mots produisirent sur la jeune comtesse :

— Madame sait-elle ce qu'est devenu ce beau jeune homme brun qui portait si bien le petit collet et regardait madame d'un œil si tendre ?

— Qui donc ? fit la comtesse avec une ingénuité d'emprunt.

— Madame sait bien de qui je veux parler : ce jeune homme qui attend un bénéfice, et qui m'a remis plusieurs fois des lettres pour elle.

— Ah! oui, exclama mademoiselle de Sault, ce petit abbé qui m'a écrit dans le style de ce pauvre monsieur de Voiture... M. de Roquefure, je crois ? Ah ! ah ! ah !

Et la folle jeune fille se prit à rire, —

mais nous n'affirmerions pas que sa gaîté fût tout-à fait naturelle.

— Précisément, continua la soubrette ; mais madame ne l'a pas vu depuis que nous avons quitté l'hôtel de la rue de Bussy...

— Oh ! je parierais, dit la fille d'honneur avec une joie maligne, qu'il est encore à Paris, la face collée à ses vitres et cherchant à m'apercevoir derrière mes rideaux.

— Et voilà justement où madame se trompe.

— Ah ! et comment ?

— M. de Roquefure est, à cette heure, chez Son Éminence.

— Resollicitant son bénéfice ?

— Non pas ; mais en habit de lieutenant des gardes de M. le Prince.

— Allons donc ! qu'est-ce que cette plaisanterie, mademoiselle ? demanda la comtesse d'un petit ton pincé, où se trahissait l'étonnement, peut-être même un intérêt assez vif.

— Rien de plus vrai. Avant d'entrer chez madame, j'ai passé par le corridor des gardes, et je me suis croisée avec lui. Il disait : « Veuillez prévenir Son Éminence qu'un envoyé de M. le Prince demande audience sur l'heure. » Et, de fait, il avait une tournure charmante et un grand air sous ce bel uniforme.

— Peuh !... fit dédaigneusement et avec affectation la comtesse.

— Mais madame ne sait pas le bruit qui court depuis une heure ? continua la camériste.

— Quel est ce bruit ?

— On prétend que c'est lui, M. de Roquefure, qui a enlevé M. le maréchal.

— Mon oncle ! exclama mademoiselle de Sault en fronçant le sourcil ; c'est impossible !

— En compagnie d'un capitaine dont madame a sans doute entendu parler.

— Quel capitaine ?

— Monsieur le baron Gâtechair de Maison-Rôtie.

La comtesse ne put s'empêcher de sourire à cet étalage pompeux de nom et de titre.

— Maison-Rôtie est joli, dit-elle, mais « baron » est charmant. Mais quel absurde conte me faites-vous là, mademoiselle ?

— Mon Dieu ! ce que je dis à madame

se répète partout dans le château, à l'heure qu'il est.

— En sorte que ce petit... gentillâtre aurait eu l'audace de porter la main sur mon oncle, un maréchal de France ! Oh ! ce n'est pas croyable...

Une rougeur légère envahit alors le charmant et frais visage de mademoiselle de Sault, et si ce terrible investigateur du cœur humain, le prince de Marsillac, s'était trouvé derrière la châtelaine de la comtesse de manière à voir ce même visage reflété dans le miroir à toilette, il aurait prétendu peut-être que cette rougeur voulait dire : « Je ne crois pas à tant d'audace, mais je voudrais bien y croire. »

Quoi qu'il en soit, la camériste n'avait point encore répliqué, et mademoiselle de

Sault comprimé son trouble, lorsqu'on vint lui annoncer qu'un messager de son oncle, le maréchal, désirait être introduit.

La comtesse tressaillit; mais, reprenant ce calme parfait qui sert de masque aux femmes de qualité et couvre parfois les émotions les plus poignantes et les anxiétés les plus terribles, elle ordonna qu'on le fît entrer.

Roquefure, le feutre à la main, parut sur le seuil, et salua la comtesse sans gaucherie, mais avec une certaine hésitation qui trahissait le trouble. L'amour est un bâillon dont les hommes les plus audacieux et les plus rompus ressentent involontairement le frein.

La comtesse s'efforça de prendre une dignité glaciale; mais elle eut grand'peine pour en venir à bout ; — tandis qu'au contraire notre héros reconquérait son sang-froid.

— Madame, dit-il avec une pureté de langage et une courtoisie qui sentait son gentilhomme, M. le maréchal, qui veut bien honorer le camp de M. le Prince de sa présence, craignant que son brusque départ ne vous eût alarmée, a daigné me charger de la mission délicate et flatteuse de vous rassurer sur son compte. Il est en parfaite santé, et n'attend pour revenir à la cour que l'accomplissement de quelques formalités qui dépendent de Son Éminence.

Et, en débitant cette petite tirade, Roquefure avait vraiment fort bonne mine et grand air. La comtesse ne put s'empêcher de le remarquer.

— Annette, dit-elle à sa cameriste, roulez un fauteuil. Veuillez vous asseoir, monsieur, et croire à toute ma reconnaissance pour la peine que vous voulez bien prendre de m'apporter des nouvelles du maréchal.

— C'est à peine un devoir, et la reconnaissance est pour moi tout entière, — dit le jeune homme en s'inclinant et acceptant le fauteuil.

— Mais, fit la comtesse avec un fin sourire, ne pourriez-vous m'apprendre, monsieur, comment il se fait que le maréchal soit ainsi parti sans avertir personne? Est-ce donc un secret d'État?

— Non point un secret d'État, madame, mais celui d'un homme qui se sent trop coupable et redoute trop votre courroux pour oser....

— Osez, monsieur, osez toujours! dit la jeune fille avec un entrain charmant, un sourire et un regard chargés et pétris d'indulgence. Roquefure jeta un coup d'œil bien tendre sur les belles mains de la comtesse jouant avec les dentelles de son peignoir; ce que voyant, la comtesse ne songea point à les retirer.

— Eh bien! dit-elle, allons, monsieur, confessez-vous!

Roquefure raconta avec une orgueilleuse modestie et une hypocrite humilité la scène du bois de Boulogne, les emportements du maréchal et sa piteuse mine en se voyant prisonnier; et, beaucoup moins irritée qu'on ne l'aurait pensé, la jeune comtesse interrompit plusieurs fois son récit par des éclats de rire d'une folle gaîté.

— Ah ça, mais, dit-elle tout-à-coup en fronçant le sourcil avec une mutinerie adorable, c'est à moi que vous osez vous vanter de pareilles prouesses, monsieur le Frondeur?

— Hélas! madame, Dieu m'est témoin et votre mémoire pareillement, que je ne vous ai fait ce récit que d'après vos ordres formels...

— C'est juste, monsieur ; mais vous avez encouru ma colère...

— Se pourrait-il? exclama Roquefure avec joie.

— Comment, monsieur, vous vous en réjouissez, ce me semble?

— Hélas! madame, j'ai toujours trouvé l'indifférence absolue d'une femme une si cruelle chose, que je préfère tout autre sentiment à celui-là, fût-ce de la haine au lieu d'un simple courroux : la colère s'apaise et la haine finit par s'éteindre.

Le terrain que venait d'effleurer la conversation était brûlant et pouvait mener tout droit à une déclaration selon toutes les règles du code galant, — car la camériste, son service achevé, était partie laissant les jeunes gens en tête-à-tête. — La comtesse comprit parfaitement la situation dans ce qu'elle avait d'extrême, et, faisant ce qu'on nomme, au théâtre, « une fausse sortie, » ou, en termes cynégétiques, « rompre les chiens, » elle détourna habilement l'entretien et le ramena sur le maréchal et l'existence qu'il menait auprès de M. le Prince.

Dès-lors, la conversation roula sur des sujets futiles, sur ces mille riens dont les femmes possèdent si bien le secret, et Roquefure, qui sentait avoir grandi quelque peu dans l'esprit et fait quelques pas dans les sentiments de son adorée, mais comprenant qu'il ne pourrait aller plus loin, ce jour-là, finit par prendre congé, et baisa en se retirant une main qu'on lui abandonna sans raideur, mais aussi sans empressement. Roquefure se dit que la colère de la comtesse n'était pas trop à redouter, mais qu'il avait d'autre part encore une longue route à faire pour arriver à ses fins et se faire aimer.

VII.

La philosophie du baron de Maison-Rôtie.

On devine comment Roquefure était arrivé à Saint-Germain en compagnie du capitaine, lequel s'était prudemment arrêté chez un garde-chasse de la forêt, qui tenait guinguette.

. . . .

— Allons, mon jeune maître, avait dit le vieux reître, vous savez que, dans notre association, tous les honneurs sont pour vous; jouez votre rôle d'ambassadeur auprès de M. le Cardinal; moi, je vous attendrai ici.

Roquefure parti, le capitaine s'était fait servir un copieux déjeuner et force flacons; il avait fait allumer un bon feu, car il faisait froid, et, après avoir bien dîné, il s'était mis à rêver en fumant sa pipe et mollement renversé sur son siége, — à rêver à la future seigneurie de Maison-Rôtie, supputant ce qu'elle pourrait lui coûter d'agrandissement et de réparations, et lui rendre ensuite bon an mal an.

Il en était à arranger dans sa tête le plan du jardin et du potager, lorsque Roquefure revint, tenant le fameux parchemin, que la reine avait signé sans mot dire et que le Cardinal lui avait remis en souriant, et non sans témoigner de rechef le plaisir qu'il aurait de l'avoir à son service.

Le jeune lieutenant raconta de point en point à son vieil ami son entretien avec le Cardinal, et lorsqu'il en vint aux offres de Mazarin :

— Dam ! fit le capitaine, je vous l'avais bien dit ! le vieux cuistre n'aime et ne comble que ceux dont il a peur. Il vous refusait un *bénéfice*, il ne demanderait pas mieux que de vous avoir dans ses gardes, maintenant qu'il sait par expérience ce que vous valez.

— Malheureusement, je préfère le service de M. le Prince.

— Hum ! fit le capitaine, entre nous,

M. le Prince branle diablement au manche. On le craint tant qu'il gagne des batailles, mais, s'il en perdait une.... Voyez-vous, mon bon ami, ce vieux sorcier d'Italien, avec ses galimatias et son air bénin, est une puissance terrible, qu'il vaut mieux avoir pour ami que pour ennemi : la reine ne voit que par ses yeux, et il mourra au pouvoir. Si mons Mazarini vous donnait une lieutenance, il faudrait la prendre...

— Oh! oh!

— Une fois qu'il aurait toute confiance en vous, il vous pousserait loin, pourvu que vous ne lui coûtiez pas trop cher... et même, pour ne pas vous payer du tout et mettre votre solde dans ses coffres, il prêterait les deux mains à votre mariage avec une héritière.

— Vous croyez?

— J'en suis sûr. Mais en attendant, nous sommes à M. le Prince, et guerre au Mazarin ! A propos, avez-vous vu votre belle?

Roquefure fit part de son entretien avec la comtesse, et, au récit de son amabilité, le capitaine s'écria :

— Ah ! pardieu ! je vous l'avais bien dit, que les femmes pardonnaient toujours un trait d'audace; celle-là vous aime peut-être déjà, mais sinon, ce ne sera pas long, je vous le jure !

Allons, continua-t-il, à cheval, et en route ! Vous pour le Vendômois, moi pour les Flandres. M. de Beaufort sera émerveillé, et vous aurez un appui sinon bien solide, car le cher prince a la tête légère, du moins bruyant, et qui vous fera valoir.

Je parie qu'à l'heure qu'il est, les dames

de sa cour font de vous un héros de roman.

Les deux aventuriers firent seller leurs chevaux, se jetèrent en selle et prirent, — le capitaine la route du Nord, emportant la bonne nouvelle que le Cardinal avait cédé et qu'on pouvait relâcher le maréchal; — Roquefure celle de l'Ouest, où il devait joindre le duc de Beaufort dans son château de Vendôme, et lui remettre ce talisman précieux à l'aide duquel il pouvait désormais reparaître au grand jour, sans crainte de la sinistre figure du marquis de Guitaut ou du sourire patelin de son fils Comminges.

Avant de se quitter, ils se donnèrent une franche et fraternelle accolade, et Gâtechair dit en souriant :

— Eh bien! avais-je tort de vous dire : Jetez le froc aux orties ?

— Assurément non, mon ami, et si cela dure, je serai colonel quelque jour.

— Vous êtes du bois dont on les fait.

Ils se serrèrent une dernière fois la main.

— A bientôt, dirent-ils.

Et ils piquèrent des deux et se tournèrent mutuellement le dos.

Jamais Roquefure ne s'était senti le cœur plus joyeux et l'esprit plus léger. Il espérait être aimé, peut-être l'était-il déjà ; il commençait à faire un peu de bruit et se trouvait sur la route de la fortune... Avec cela, comment aurait-il eu le front plissé et le regard soucieux ?

Il s'en allait, au grand trot de son cheval, franchissant les fossés, la tête haute, sifflottant un vieil air méridional que son père fredonnait dans ses jours de gaîté, et

ne s'inquiétant que d'une seule chose :
quand reverrait-il cette belle comtesse ?

Et, sur cette pensée, notre jeune homme
fit mille châteaux en Espagne, durant
vingt minutes, et dépassa les coteaux de
Luciennes, qu'il gravit en trottant.

Mais, comme il s'apprêtait à descendre
la pente insensible qui conduit à Versailles, et qu'il entrait sous un véritable berceau formé par de grands arbres qui entrelaçaient au-dessus de la grande route
leurs branches dépouillées, il crut voir à
peu de distance reluire, aux derniers
rayons du soleil qui se couchait, le canon
de plusieurs mousquets, et tout aussitôt
une voix calme et brève cria :

— Ha te!

Roquefure s'arrêta soudain et, à tout
hasard, mit flamberge au vent et caressa

la crosse des pistolets qui dormaient dans ses fontes. Mais, en même temps il vit une dizaine de gardes-du-corps, précédés d'un officier, sortir des massifs et lui barrer le passage.

L'officier donna quelques ordres à sa troupe, qui s'arrêta le mousquet sur l'épaule, puis il s'avança gravement sur Roquefure, le salua avec une froide courtoisie et dit :

— Au nom du roi ! je vous arrête. Veuillez, monsieur, me rendre votre épée.

Par un geste machinal, Roquefure porta la main à ses pistolets, mais dix mousquetons s'abaissèrent, et d'ailleurs résister au roi était une chose si inouïe, que le jeune lieutenant comprit que ce qu'il avait de mieux à faire était d'obéir.

Il mit donc pied à terre, rendit son

épée de bonne grâce, et dit à l'officier, qui n'était autre que M. de Comminges, capitaine des gardes :

— Je suis à vos ordres, monsieur le comte; où dois-je vous suivre?

— Au château d'abord. S. M. la reine-régente ne m'a pas donné d'autres instructions, sauf celle de vous demander le parchemin dont vous êtes porteur.

Roquefure se mordit les lèvres :

— Ah ! M. le Cardinal, murmura-t-il, c'est bien joué, mais vous ne m'y reprendrez plus. Il tira de son sein le firman libérateur, le remit à Comminges, et, passant à son bras la bride de son cheval, il suivit à pied le capitaine des gardes, qui n'avait pas de cheval, et que son carrosse attendait au bas de la côte.

M. de Comminges pria son prisonnier

d'y monter avec lui, et vingt minutes après, le carrosse s'arrêtait dans la cour du château de Saint-Germain.

L'enlèvement du maréchal, l'audace inouïe de Roquefure, l'aplomb qu'il avait déployé chez le Cardinal, tout cela avait vivement émotionné hommes et femmes; et lorsque, suivant Comminges, notre cadet gravit le grand escalier et traversa jusqu'aux appartements de la reine, il trouva une foule de curieux sur son passage et recueillit plus d'un regard admirateur, plus d'un sourire de commisération pour son infortune : — et il s'en trouva fier.

La reine avait donné l'ordre qu'il lui fût amené à son arrivée, et attendait, frémissante de courroux, dans sa chambre à coucher. Roquefure entra tête nue et sans épée, mais avec un fier sourire et une respectueuse aisance. Rien ne grandit un homme comme l'adversité. Anne d'Autriche lui jeta un regard rapide et fulgurant et lui dit :

— Savez-vous, monsieur, que le gentilhomme qui entre en rébellion ouverte avec son roi et ose insulter ses ministres et ses serviteurs est puni de mort?

— Je le sais, madame, répondit le cadet simplement et avec calme.

— Alors, continua la reine, attendez-vous à être jugé et condamné par mon parlement. Le château de Saint-Germain n'ayant point de prison pour un gentilhomme, je vous assigne pour cachot mon propre oratoire, et je veux vous avoir moi-même sous ma garde. Demain vous serez transféré à la Bastille.

La reine ouvrit la porte de son oratoire, la désigna du doigt à Roquefure, qui s'inclina et entra, — puis la refermant elle-même à double tour et suspendant la clé à son cou, elle dit à Comminges :

— Monsieur le comte, vous placerez un piquet de vingt mousquetaires dans mon antichambre et un cordon de gardes sous les fenêtres, et vous veillerez vous-même toute la nuit.

Le capitaine s'inclina et alla exécuter ces ordres.

Alors son Éminence arriva et proposa, comme si rien n'était, de faire la partie d'échecs de Sa Majesté!

— Ce pauvre monsu de Roquefure, dit l'Italien. Ah! peccaire, il est dans de bien mauvais draps.

Le Cardinal rangea l'échiquier et n'ouvrit plus la bouche de la soirée sur le prisonnier.

Roquefure était depuis une heure enfermé dans l'oratoire de la reine, et il réfléchissait tristement à sa nouvelle situation, qui lui paraissait devoir le conduire lestement au billot ou à la potence, lorsqu'on lui apporta à souper.

Le menu était délicat, le vin sans pareil, l'appétit du prisonnier excité par douze heures de jeûne : il se mit à table sans sourciller, remercia la fille d'honneur qui le servait, et entama vigoureusement un pâté de Périgord, tandis que son joli amphytrion se retirait sans bruit et refermait la porte scrupuleusement.

Après avoir mangé, Roquefure se versa à boire et resongea alors à son état.

— Hum! murmura-t-il, Gâtechair me tirerait bien de là, lui.

Comme il achevait, il jeta les yeux au fond de son verre, et y lut ce mot unique: Espérez!

C'était de mode, en ce temps-là, de graver des devises sur la vaisselle.

Notre cadet accepta ce hasard comme une prédiction et se dit :

— Bah! espérons!

Comment ne pas espérer à vingt-cinq ans?

Et comme il était fort las et que la nuit était venue, il avisa un sopha dans un coin de l'oratoire, s'y coucha tout de son long et s'endormit peu après, posant sur sa tête et son cœur, ainsi qu'une panacée, ce mot qu'il venait de lire : Espérez!

Combien de temps dormit-il? il ne le

sut pas lui-même; mais il tressaillit tout-à-coup, et il lui sembla entendre un léger bruit.

La nuit était obscure, les fenêtres closes... il ne voyait absolument rien. Pourtant il lui semblait distinguer près de lui le frôlement d'une robe et une respiration étouffée...

Roquefure était brave, mais, si brave qu'on soit, il est bien permis d'éprouver quelque inquiétude dans une obscurité complète... Il étendit donc la main et demanda à mi-voix :

— Qui est là ?

Au même instant, le velours d'une petite main se posa sur sa bouche, comme pour lui dire : — Taisez-vous.

Roquefure prit cette main et la sentit trembler; il la reporta à ses lèvres, et la main trembla plus fort..... Mais pas un mot.

Seulement, cette main chercha de nouveau la sienne et l'attira avec une douce insistance. Cela voulait dire : Venez.

Le satin de cette main était trop doux pour qu'elle fût à craindre ; et d'ailleurs, en pareille occurrence, qu'avait à craindre notre héros? Il se leva donc sans bruit et se laissa guider au milieu des ténèbres. Seulement, à la position qu'il occupait d'abord, il jugea qu'il marchait en sens opposé à la porte.

Au bout de quelques pas, une autre main semblable à la première s'appuya sur son épaule et le contraignit à se baisser ; il inclina la tête et sentit tout aussitôt succéder au moelleux du tapis qu'il foulait la surface dure d'une dalle ; puis un bruit léger se fit derrière lui, pareil à celui d'une porte qui se referme. Aux dalles succéda bientôt un escalier à petites marches, et, toujours guidé par la main mystérieuse, Roquefure descendit pendant quelques minutes jusqu'à ce que son pied rencontrât une surface plane, un peu inclinée et molle comme de la terre.

Alors sa marche devint plus rapide, et bientôt une bouffée d'air vif et froid lui fouetta le visage : à n'en plus douter, il se trouvait dans un souterrain.

Mais la main l'entraînait toujours, et il s'abandonnait à son guide inconnu. Tout-à-coup un rayon de lumière brilla dans l'éloignement, grandit à mesure qu'il avançait, et, peu après, Roquefure distingua un corps de femme attenant à la main qu'il pressait, et peu après encore il se trouva à l'orifice du souterrain, en rase campagne, ayant le Pecq au-dessus de lui, au-dessus encore la masse grise et compacte du château, et devant lui la Seine coulant silencieuse comme un ruban d'argent sur le velours vert d'un manteau.

Alors, par un élan de reconnaissance et d'enthousiasme, à la clarté de la lune, le jeune homme leva les yeux sur la mystérieuse fée qui le délivrait.... mais un loup de velours dérobait son visage.

— Oh! s'écria-t-il en tombant à genoux, et, couvrant de baisers cette main qu'il tenait encore et qui s'était reprise à trembler de plus belle, oh! madame, par pitié! montrez-moi vos traits, une minute, pour que je les grave éternellement dans mon cœur...

— Ne les oublierez-vous jamais? demanda une voix mélodieuse qui fit tressaillir Roquefure.

— Oh! jamais! jamais... dit-il.

— Eh bien ! dit la voix, voyez et partez.

Le masque tomba, et le cadet poussa un cri :

— Mademoiselle de Sault ! murmura-t-il.

— Oui, et partez.... un cheval est là dans le bois ; il vous attend. Partez !

Mais Roquefure se mit à genoux de nouveau, et posant la main sur son cœur, tandis que son front rayonnait d'enthousiasme :

— Madame, dit-il, en un pareil moment, dans le lieu où nous sommes, et sous les rayons tremblants de l'astre qui nous éclaire, on peut bannir un instant les froides lois de l'étiquette et le langage compassé des cours... Je vous aime, madame; je vous aime de toutes les puissances de mon être! je voudrais placer les gradins d'un trône sous vos pieds, une couronne sur votre tête; je voudrais conquérir le monde pour vous en faire reine... Oh! dites, madame, dites-moi si vous n'aurez jamais pitié de mon amour, et s'il ne viendra point une heure où vous me direz : Moi aussi, je vous aime...

Roquefure fixa un œil ardent sur la jeune fille.

— Peut-être... dit-elle bien bas.

— Oh! s'écria-t-il en dévorant sa petite main de baisers, que dois-je donc faire pour mériter tant de bonheur?

— Soyez colonel! fit-elle en lui tendant.

dant son front, qu'il effleura de ses lèvres... et partez!

Et, légère comme une biche effarouchée, elle s'enfuit et disparut dans les ténèbres du souterrain.

Roquefure demeura un instant étourdi; puis, le sentiment du danger lui revenant, il jeta un regard rapide sur le château, où pas une lumière ne brillait, sur les étoiles, qui marquaient environ deux heures du matin; et il s'élança sur le massif que lui avait indiqué le doigt de la comtesse.

Un laquais, également masqué, tenait en main un vaillant cheval et une épée.

Roquefure lui jeta sa bourse, prit l'épée, sauta en selle, et, piquant des deux, partit au galop, traversa la Seine sur un pont de bois qui s'élevait alors là où est un pont de pierres aujourd'hui, et s'écria tandis qu'il passait, comme l'amant de Lénore, la tête brûlante et le cœur éclatant de bonheur :

— Oh ! je me sens de force à devenir maréchal de France !

Au lieu de courir en Vendômois, il évita Paris, prit la route des Flandres, courut trente heures à franc étrier, et arriva au camp de M. le Prince au moment où le maréchal, libre désormais, montait en carrosse pour revenir à la cour.

Ce qui fit que le maréchal ne partit pas et fut contraint de demeurer provisoirement comme otage de la liberté du duc de Beaufort.

Quand Mazarin apprit cela, il se dit :

— C'est fort bien; mais nous verrons qui paiera les frais de la g .erre.

VIII.

Une page d'histoire en quelques lignes.

Ici nous nous voyons obligés de raconter sommairement et sans nuls détails les événements qui suivirent, pour nos héros, sous peine d'avoir à écrire une histoire de la Fronde.

Après la restitution de Broussel, la France s'était apaisée; mais ce calme fut de courte durée; un matin, M. le Prince entra dans Paris, et le lendemain, la ville s'éveilla hérissée de barricades.

Alors, durant cette lutte de quelques mois, au milieu de ces combats livrés dans les rues, Gâtechair et Roquefure, désormais inséparables comme Oreste et Pylade, ces héros de l'amitié antique, — firent tant de grandes choses, soutinrent si bien, l'un sa vieille réputation, l'autre sa renommée naissante, qu'ils acquirent une influence majeure et un renom de bravoure dont l'écho alla plus d'une fois faire tressaillir la jeune comtesse, enchaînée par son service auprès de la reine.

Quand la paix fut signée entre la Fronde et la Régence, M. le Prince stipula, entre autres conditions, une amnistie pleine et entière à nos héros et demanda une lieutenance dans les gardes pour chacun d'eux, plus une gratification de cinq cents écus pour le capitaine.

Le Cardinal fit la grimace à l'article des cinq cents écus, mais il s'exécuta de bonne grâce à l'endroit des lieutenances et signa les brevets.

Anne d'Autriche parut avoir oublié son courroux, donna gracieusement sa main à baiser à Roquefure et lui dit :

— Je suis enchantée de vous avoir dans la maison du roi, car M. le Cardinal m'a conté du bien de vous.

La belle comtesse de Sault rougit en retrouvant son adorateur et lui dit, quand il lui demanda si son martyre durerait longtemps encore :

— N'avez-vous pas bu au fond d'un verre où un mot était écrit?

— *Espérez!* s'écria Roquefure.

— Eh bien! dit-elle, espérez... quoique vous ne soyez point encore colonel.

— Mon cher, dit à son tour le brave capitaine en croisant majestueusement ses longues jambes, nous sommes en belle passe; mais j'aimerais tout autant vivre retiré dans mon domaine de Maison-Rôtie. Le Cardinal nous étouffe de caresses, et nous n'avons qu'à nous bien tenir... le tigre se lèche et lisse coquettement son museau avant de mordre; prenons garde!

— Bah! bah! dit le cadet, on y veillera.

Le lendemain, les deux nouveaux officiers du roi commencèrent leur service, et, durant un mois, le Cardinal fut charmant pour eux et ne les appela que ses bons amis, ses excellents amis, ses meilleurs amis. Il leur montra même une telle prédilection, qu'il affecta de les commander de service pour l'escorter chaque fois qu'il sortait en carrosse, et quand il alla s'installer au château de Rueil, il choisit leur compagnie pour demeurer auprès de lui. Il poussa même la gracieuseté jusqu'à dire au maréchal :

— Si vous désirez marier votre nièce, je lui pourrais peut-être trouver un mari.

Roquefure était présent :

— Décidément, pensa-t-il, Gâtechair se trompait.

Rueil, cette splendide résidence, ce château aux mystérieuses oubliettes, demeure de deux cardinaux qui se succédèrent au pouvoir et tinrent la France ployée sous un joug de fer et de ruse, Rueil n'existe plus aujourd'hui.

Le château est une caserne, les jardins sont devenus une cour où manœuvre l'infanterie; et les grands arbres du parc ont presque tous disparu.

Mais Rueil, tel qu'il était alors, était une demeure vraiment royale et digne de Richelieu, qui l'avait inaugurée.

Or, le cardinal Mazarin passait l'été à Rueil, et la reine-mère l'y suivait avec la cour.

Un jour, c'était en août, il prit fantaisie à Son Éminence de donner une fête : un dîner splendide, un spectacle composé du *Cid* et du *Polyeucte* de M. de Corneille, que représenteraient les comédiens de la cour, et un magnifique feu d'artifice, avec fusées, chandelles romaines et bouquet pour couronne.

Le Cardinal donner une fête! c'était à n'y pas croire... En effet, Son Éminence était si avare qu'elle regrettait jusqu'à l'argent que dépensaient les autres.

Aussi, dès le matin, le château regorgea-t-il de seigneurs et de courtisans et les dames de la cour arrivèrent dans leurs atours les plus pompeux.

Le Cardinal fut magnifique : à part le poisson qui manqua, et les vins qu'on trouva inférieurs, le dîner fut splendide; les comédiens rivalisèrent de zèle et de talent, et les jardins s'encombrèrent, vers dix heures du soir, d'une foule étourdissante.

La cohue a toujours été la providence des amants : Roquefure trouva le moyen d'offrir son bras à mademoiselle de Sault, et tous deux, dévidant ce long écheveau que les poètes du temps appelèrent le *fleuve de Tendre*, s'enfoncèrent bien avant dans le parc, trouvèrent une tonnelle touffue, s'y blottirent comme deux passereaux qui fuient le vautour, et s'y oublièrent si bien, au milieu de leurs doux propos, que les bruits de la fête s'assoupirent, que les girandoles s'éteignirent et que deux heures du matin sonnèrent à l'horloge du château. :

— Oh! mon Dieu! dit la fille d'honneur, rentrons vite, car... que dirait-on?

Ils allaient se lever et quitter leur charmant refuge, quand ils entendirent le sable des allées voisines crier sourdement et des pas s'approcher...

La comtesse pressa le bras de son adorateur pour lui imposer silence et comme si elle craignait d'être surprise dans ce tête-à-tête un peu risqué, lorsque au bruit des pas succéda celui d'une voix que tous deux reconnurent pour celle du Cardinal et qui les cloua à leurs places, immobiles et sans haleine :

— Ainsi, mon cher Comminges, disait le Cardinal, c'est une chose convenue : je pars demain soir en carrosse, quatre gardes m'accompagnent; Gâtechair et Roquefure sont du nombre.... Nous arrivons à Courbevoie ; vous vous présentez avec un piquet de mousquetaires et vous arrêtez, au nom de la reine, ce pauvre *monsu Roquefure* et cet excellent *monsu Gâtechair*, qui n'auront pas volé leurs vingt années de Bastille que je leur ménage. Ils m'ont donné assez de mal, *peccaire*. Est-ce vrai?

— Oh ! parfaitement.

— Au reste, continua le cardinal d'un ton patelin, si nous agissons ainsi, c'est pour éviter le scandale.... Une arrestation en plein jour ? Ah ! fi donc, il faut laisser ces manières brutales à un bélitre comme *monsu* de Beaufort. Je vous ai remis les deux lettres de cachet ?

— Oui, Votre Éminence.

— Hein ? fit brusquement le Cardinal, n'avez-vous rien entendu là, dans ce massif ?

— Moi, rien absolument.

— C'est qu'il m'a semblé... un petit bruit...

Comminges ramassa un caillou et le lança dans le massif. Tout aussitôt, un passereau qui y dormait en sortit et s'envola en piaulant.

— Ah! dit le Cardinal rassuré... ce n'est rien.

Et il reprit le bras de Comminges en disant :

— Allons nous coucher, *monsu* le comte.

Le bruit que le Cardinal venait d'entendre avait été un mouvement d'effroi de la comtesse.

Les deux amants, la sueur au front, glacés d'épouvante, écoutèrent les pas s'éloigner et s'éteindre, et demeurèrent longtemps encore sans oser bouger... Puis enfin ils se glissèrent comme deux ombres à travers les arbres, et entrèrent au château.

— Oh! dit la comtesse dont les dents claquaient de terreur, fuyez, Albert, fuyez...

— Il faut que je prévienne Gâtechair avant; mais, quoi qu'il arrive, je suis à vous et à toujours!...

— Et moi aussi, je vous le jure...

Ils échangèrent un chaste baiser et se perdirent dans les corridors.

Quelques minutes après, Gâtechair était instruit de tout.

— Eh bien? demanda Roquefure, que faire?

— Mon jeune ami, répondit froidement le capitaine de reîtres, je vous le dirai demain. Maintenant tenez-vous tranquille et dormez en paix.

Et il se coucha et dormit tout d'une traite jusqu'à l'aube.

Le lendemain, à son lever, le Cardinal reçut la visite de M. le baron Gâtechair de Maison-Rôtie.

Le capitaine avait sur l'épaule un chevreuil magnifique.

— Votre Éminence, dit-il, daignera-t-elle ajouter à toutes ses bontés celle d'accepter ce chevreuil que je viens de tuer dans la forêt de Saint-Germain?

Le Cardinal accepta avec mille remerciments, et répondit :

— *Monsu* Gâtechair, je vais coucher au Palais-Royal ; vous m'accompagnerez avec votre ami *monsu* de Roquefure et deux de vos gardes.

Gâtechair s'inclina et sortit.

Dans l'antichambre, il rencontra Rofure.

— Mon bon ami, dit-il tout bas, nous tiendrons ce soir, à moins que le ciel ne s'écrase sur notre tête, — vous, votre brevet de colonel, — moi, plus d'écus qu'il n'en est besoin pour restaurer ma terre de Maison-Rôtie et en faire une résidence princière.

Et il l'entraîna.

A huit heures du soir, et comme la nuit tombait, Son Éminence descendit dans la cour du château de Rueil, où son carrosse attendait.

C'était une voiture simplement attelée de deux chevaux bais et sans armoiries.

Nous l'avons dit, le Cardinal aimait peu le faste et vivait simplement.

Il s'appuyait avec une grâce nonchalante sur l'épaule de Roquefure.

— *Monsu* le lieutenant, disait-il, contez-moi donc cela; où en sont vos amours?

— Votre Éminence est trop bonne.

— Non, non. Je vous aime de tout

mon cœur. *Corpo di Bacco*, et s'il ne tenait qu'à moi, mademoiselle de Sault deviendrait demain madame de Roquefure ; j'en toucherai deux mots à la reine.

— Votre Éminence me comble.

— Non, mon *cer monsu*, je vous aime de toute mon âme, *peccaire* !

Le Cardinal monta en voiture, Roquefure ferma la portière, s'y plaça à cheval, tandis que Gâtechair était à l'autre l'épée au poing ; les deux gardes prirent les devants et le carrosse partit au grand trot.

Mais à peine arrivait-il à moitié chemin de Courbevoie, où monsieur de Comminges était embusqué avec ses mousquetaires, que le cheval de Gâtechair butta, s'abattit et se releva boiteux et couronné !

Quant à lui, il avait lestement vidé les arçons.

— Ah ! Démonio ! s'écria le Cardinal ; venez vous asseoir près de moi, mon pauvre *monsu* Gâtechair, puisque vous n'avez plus de cheval.

— Votre Éminence me comble, dit le vieux reître en souriant dans sa barbe :
— Messieurs, continua-t-il en s'adressant aux deux gardes, piquez en avant et ventre à terre ! pour éclairer la route. Les gardes partirent au galop, et dix minutes après, le chemin faisant un coude et se trouvant encaissé par des terrains, ils furent hors de vue.

Pendant ce temps, Gâtechair avait ouvert la portière et s'était assis près du Cardinal.

A peine le galop des gardes s'était-il

éteint dans l'éloignement, que le carrosse du Cardinal tourna brusquement le dos à Courbevoie et abandonnant la route entra dans les terres cultivées et roula dans la direction de Chatou.

— Que faites-vous? voulut crier le Cardinal. Mais il entendit Roquefure dire au cocher : ventre à terre ou je te brûle! et en même temps il sentit la pointe d'un stylet que Gâtechair lui appuyait sur la gorge en disant : « Si Votre Éminence bouge, foi de Gâtechair, je la tue! »

Le Cardinal tressaillit et voulut se débattre... la pointe terrible effleura sa peau : il poussa un râle étouffé et se tut.

La nuit était sombre, mais par luxe de précaution, avec la main qui lui restait libre, le capitaine tira un mouchoir de sa poche et banda proprement et solidement les yeux du Cardinal qui se laissa faire sans bouger.

Gâtechair maintint son poignard sur la gorge de Mazarin et le carrosse continua à rouler à travers champs.

A moitié mort de frayeur, le Cardinal se laissa entraîner pendant deux heures sans savoir où il allait. Un bruit sourd des roues lui apprit qu'il passait sur un pont; ensuite le bruissement de quelques feuilles lui donna la pensée qu'il traversait une forêt : enfin le carrosse s'arrêta, le capitaine ouvrit la portière et lui dit brusquement :

— Descendez !

Mazarin obéit. Gâtechair le prit par la main, lui fit faire quelques pas, puis monter un petit escalier de bois, et tandis qu'une porte se fermait au verrou, il lui arracha son bandeau.

Alors le Cardinal vit une chambre nue, éclairée par une méchante chandelle de suif, et n'ayant pour tous meubles qu'un escabeau boiteux et une table chancelante sur laquelle se trouvaient une plume, de l'encre et du parchemin.

— Roquefure et Gâtechair étaient seuls avec lui.

— A tout seigneur, tout honneur, dit le vieux reître avec un respect railleur et en présentant l'escabeau... Votre Éminence veut-elle prendre la peine de s'asseoir?

Le Cardinal tremblait.

— Messieurs, dit-il, et en très-bon français cette fois, j'aime à croire que je rêve, car une audace pareille...

— Votre Éminence est parfaitement éveillée, répondit Gâtechair. Roquefure, mon ami, poursuivit-il, armez vos pistolets, et tuez-moi poliment monsieur le Cardinal s'il se jette dans des phrases vides et recommence ses galimatias.

Le Cardinal frissonna.

— Votre Éminence, continua le capitaine, voulait nous envoyer à la Bastille ce soir, — nous la remercions humblement de son attention; mais, comme les rôles sont changés, et que c'est elle qui est prisonnière à cette heure, elle ne trouvera nullement mauvais que nous la mettions à rançon.

— A rançon? exclama Mazarin avec cet effroi particulier aux avares, quand on touche à leur or.

— Sans doute. Votre Éminence a sur elle des blancs-seings de la reine...

— Non, dit résolument le cardinal.

— Roquefure, apprêtez-vous; et si monsieur le Cardinal ne s'exécute...

— Si fait! si fait! cria piteusement Mazarin; j'en ai. En voilà.

— Alors, Votre Éminence en va remplir un et le convertir en un brevet de colonel d'infanterie au nom de M. de Roquefure.

Le Cardinal, qui croyait être obligé de souscrire une obligation pécuniaire, poussa un cri de joie en se voyant quitte à si bon compte, et se mit à remplir le blanc-seing sans répliquer.

— Au vôtre maintenant, dit-il en s'apprêtant à rédiger un second brevet...

— Non pas, répondit froidement Gâtechair. J'ai cinquante-huit ans, j'ai porté le harnais durant quarante-deux ans, et j'ai servi trois rois : le grand Henri, Louis XIII et le jeune Louis actuel. On me doit une pension de retraite, et je suis modeste en ne demandant qu'un bon de deux cent mille livres sur le trésor.

—Deux cent mille livres, *jouste* ciel! s'écria le Cardinal en bondissant sur son siége; et où voulez-vous que je les prenne?

— Un bon de Son Éminence me les mettra en poche sur l'heure. Roquefure, vous êtes un heureux coquin, car vous tenez votre brevet, et vous pouvez, sans rien perdre, brûler la cervelle à Son Éminence si elle me fait attendre.

Mazarin signa le bon.

Gâtechair le serra précieusement.

— Maintenant, dit-il, il me reste une

petite formalité à remplir. Votre Éminence pourrait fort bien nous envoyer, malgré les deux chiffons qu'elle vient de griffonner, pourrir et mourir à la Bastille.

— Oh! fit le Cardinal, sur ma parole...

— *Fides punica!* parole carthaginoise, merci! Votre Éminence a une partie de sa fortune placée à Rome sur un banquier juif du nom de Salomon Garibaldi...

— D'où savez-vous cela? exclama le Cardinal terrifié en bondissant sur son escabeau.

— Qu'importe la source si l'eau est bonne? A Dieu ne plaise que nous voulions détrousser Votre Éminence, mais elle va nous signer une traite de trois millions sur le signor Salomon Garibaldi...

— Trois millions! murmura Mazarin défaillant.

— En trois bons, d'un million chaque, poursuivit le capitaine. Je me retire en Italie sur-le-champ. Si Votre Éminence tient ses promesses et n'envoie point à la Bastille mon ami, le colonel de Roquefure, je garde les bons en poche; dans le cas contraire, je touche les trois millions. Oh! ainsi suis-je sûr que Votre Éminence n'aura plus la fantaisie de recommencer la plaisanterie de ce soir...

— Trois millions! trois millions! murmura le Cardinal d'un ton hébété...

— Votre Éminence veut-elle signer, dit Gâtechair, qui remplit le trois traites et passa la plume au Cardinal?

Le Cardinal repoussa la plume d'un geste désespéré.

—Roquefure, dit froidement Gâtechair,

visez Son Éminence au cœur, elle mourra sans souffrances.

Mazarin entendit crier le ressort des chiens, sentit le canon s'abaisser lentement vers lui et, ruisselant, égaré, éperdu, il prit la plume et signa.

Le capitaine prit les trois bons, les mit dans sa poche.

—Votre Éminence, dit-il, va se laisser bander les yeux de nouveau et reconduire. Cette maison nous a été cédée par un pauvre diable qu'il serait fâcheux de faire pendre. Quant au cocher de Votre Éminence, je lui demande humblement sa grâce, car il n'a agi que par le même procédé qui vient d'opérer sur elle.

Mazarin rugit sourdement, mais il se laissa faire, remonta en carrosse et se sentit emporté au grand trot.

Tandis qu'ils couraient, le capitaine dit à Son Éminence :

— Roquefure aime mademoiselle de Sault ; je compte sur Votre Éminence pour arranger ce mariage ; — s'il n'avait lieu d'ici à peu de jours, j'aurais la douleur de toucher le montant d'un premier bon. Ainsi, mon cher Roquefure, monseigneur tient trop à son million pour ne vous point marier.

Roquefure, qui galopait à la portière, sourit et ne répondit pas.

Le carrosse s'arrêta peu après et précisément au même endroit où il avait tourné bride :

— Je vais, dit Gâtechair en dénouant le bandeau, prendre ici congé de Votre Éminence. Roquefure, embrassez-moi, faites mes compliments à votre belle ; prenez place à côté de M. le Cardinal et cédez-moi votre cheval ; en outre, je vous charge de veiller sur Son Éminence pendant quelques jours, jusqu'à ce que je sois hors de France ; si, par hasard, vous l'entendiez donner l'ordre de courir après moi et de m'arrêter, logez-lui une balle dans la tête incontinent.

Et sur ces mots, le vieux soldat pressa tendrement dans ses bras son jeune ami, lui céda sa place dans le carrosse, sauta en selle et prit au galop la route de Paris, tandis que le Cardinal retournait à Rueil. L'aube naissait en ce moment, et les fauvettes commençaient à chanter dans les buissons.

IX.

Conclusion.

Quinze jours après, par les soins du Cardinal, Roquefure, colônel de Royal-Navarre, épousa mademoiselle de Sault, comtesse de son chef, laquelle lui apporta un million de dot.

Roquefure pria le Cardinal de garder sa solde désormais à titre d'épingles qu'il offrait à mesdemoiselles de Mancini, ses nièces, et cette fois, touché jusqu'aux larmes, Mazarin se repentit d'avoir si mal agi avec un garçon si généreux, lui jura une affection éternelle, et tint parole en le faisant mestre de camp quelques années plus tard.

———

Un an plus tard, le jeune colonel reçut la lettre suivante :

De mon château de Maison Rôtie.

Mon cher ami,

C'est l'homme le plus heureux de la terre qui vous écrit. Je goûte les douceurs du repos et de l'opulence depuis un an, et j'ai fait de Maison Rôtie un séjour enchanteur.

Les paysans des environs m'ont reconnu pour leur seigneur et m'ont offert tous les droits féodaux possibles et imaginables. Je récolte un petit vin clairet délicieux, j'ai une garenne où les lapins abondent, un colombier, une basse-cour bien approvisionnés. J'ai pris un intendant vieux et une gouvernante jeune et jolie ; je me propose de faire des rosières, au premier jour, mais j'aurais besoin pour cela des bons soins de madame de Roquefure et la présente a pour but de vous engager à me venir visiter dans le plus bref élai.

Votre vieil ami.

Baron GATECHAIR DE MAISON ROTIE.

FIN.

LE PAGE DE NAPOLÉON.

I.

Ceci n'est ni une diatribe, ni une flatterie inspirée par les circonstances. Nous avons horreur de l'allusion politique, quelle que soit sa forme, et si le culte des souvenirs nous interdit les applaudissements et les bravos, un sentiment de haute convenance nous défend également les récriminations.

Nous allons vous faire l'histoire d'un dévouement, arracher une page de cette grande épopée qu'on nomme l'Empire. — rien de plus.

II.

Napoléon rentrait à Paris, après une campagne brillante, environné de toute la pompe officielle; il en sortait, au contraire, sans annoncer son départ, nuitamment et presque seul.

A six heures, on le voyait à un bal de l'impératrice, au Théâtre-Français ou à la Malmaison; à onze heures, il disparaissait, revêtait un costume de voyage et montait en chaise de poste avec un aide-de-camp

Quand le jour venait, il était à trente lieues de Paris.

Napoléon, pendant la durée de son règne, s'efforça de fixer autour de son trône la destinée errante de ces fiers débris de l'aristocratie épars sur toutes les routes, sous tous les climats, mornes et le dédain aux lèvres comme tout ce qui souffre, recueillis et le front haut comme il sied à des prêtres dont on a brisé l'autel et saccagé le cloître, et qui demeurent fidèles aux ruines du cloître et aux décombres de l'autel.

Il y parvint quelquefois, il échoua souvent.

Il est des races d'hommes qui n'ont qu'une foi, qui n'en changent jamais et qui suivent l'astre pâlissant de leur religion à travers les orages et les tempêtes.

C'était au commencement de la campagne d'Espagne.

L'Empereur assista à une réprésentation de ses comédiens au Théâtre-Français, qui donnaient ce soir-là le *Manlius* de Lafosse; au sortir du spectacle, il trouva une chaise de poste attelée, son aide-de-camp tout botté. Il embrassa l'Impératrice à la hâte et partit.

Le lendemain soir, il roulait en pleine terre angevine, sur les limites de la Vendée militaire, qu'on a nommée encore le Bocage.

C'était en hiver: le ciel était bas et brumeux, le givre miroitait aux branches dépouillées des arbres; le sol, gelé, retentissait avec un bruit clair et cassant sous les roues de la chaise.

L'aide-de-camp grelottait, Napoléon rêvait, l'œil errant, au milieu d'une vaste plaine déserte, semée à peine çà et là de quelque chaumière grise au bord d'un fossé, ou d'une maisonnette blanche perdue dans un massif éclairci et sans feuillage.

A droite de la route et à une lieue environ vers le sud-ouest, une masse sombre détachait sa gigantesque silhouette sur le gris pâle du ciel.

De cette masse surgissaient pêle-mêle

des clochetons, des tourelles, de hardis pignons, un beffroi colossal.

C'était une construction féodale d'un rigoureux et authentique cachet, sentant ses croisades et ses barons, et dormant, à travers la nuit des siècles, sur le bord d'un étang.

L'Empereur fut frappé de la haute mine de ce donjon, et il dit à son aide-de-camp :

— Connaissez-vous le pays !

— Oui, sire.

— Comment se nomme ce château ?

— Kervégan-le-Bocage.

— Ah ! fit l'Empereur, évoquant sans doute un lointain souvenir, ce nom m'est connu, il me semble.

— Il est héroïque et populaire en Vendée.

— N'a-t-il point soutenu un siége?

— Oui, sire, en 94, contre les troupes républicaines.

— Vous rappelez-vous quelques détails?

— Tous, sire. J'ai fait partie de l'expédition.

L'Empereur ne dit mot, mais il se rejeta au fond de la berline et y prit la situation attentive et recueillie d'un homme prêt à écouter.

— J'étais, dit l'aide de camp, simple lieutenant d'infanterie dans le corps d'armée du général Marceau, qui commandait en Vendée.

La majeure partie du pays était réduite, les villes rendues à merci, les campagnes pacifiées. Seuls, quelques châteaux tenaient encore avec d'héroïques poignées d'hommes.

De ce nombre était Kervégan-le-Bocage, où le comte de Kervégan et ses quatre fils s'étaient retranchés avec une centaine de leurs anciens vassaux.

Mon régiment reçut l'ordre de se rendre à marches forcées sous ses murs, d'en faire le siége et de n'accorder aucun quartier si la garnison refusait une capitulation honorable.

Nous partimes, assurés d'avance du triomphe. Les solides et hautes murailles de Kervégan, et plus encore peut-être la fière mine des assiégés nous forcèrent, dès notre arrivée, à modérer notre enthousiasme hâtif.

Les sommations d'usage furent faites, on nous répondit par une fusillade meurtrière qui nous tua beaucoup de monde.

Le combat, engagé vers les deux heures de l'après-midi, dura jusqu'au soir. La nuit seule y mit un terme.

Les créneaux de Kervégan protégeaient ses défenseurs. Nous étions, nous, en pleine campagne, exposés au feu de toutes parts, et nos pertes s'élevèrent à plus du triple de celles des assiégés.

Un camp fut établi à la hâte, on tint conseil chez le colonel.

L'escalade du château était impossible à cause de la largeur des fossés ; le côté baigné par l'étang était seul abordable, en supposant qu'on pût tromper la surveillance des sentinelles, trouver des barques, et grâce aux ténèbres, atteindre un étroit escalier qui plongeait dans l'eau par une poterne facile à enfoncer à coups de hache et dans quelques minutes.

Un officier du génie hors cadre et détaché près de nous avait trouvé un plan d'attaque.

L'étang a près d'une lieue de longueur.

Il fut convenu qu'une troupe de cent hommes partirait sur-le-champ, ferait mine de vouloir rallier un corps d'armée au nord, décrirait un cercle, passerait derrière un bois et reviendrait par l'étang qui s'étendait au midi, tandis que le reste du régiment, parfaitement inactif, attirerait et concentrerait l'attention des assiégés.

Je fus chargé de commander l'expédition, et je partis sur-le-champ.

Au bout d'une heure de marche, nous

atteignîmes la berge méridionale de l'étang, et nous y trouvâmes amarrés deux bateaux de pêche et un chaland, sorte de barque étroite qui peut contenir à peine une dizaine de pêcheurs.

Je montai dans le chaland avec huit soldats et deux sous-officiers, le reste de mes hommes s'entassa dans les deux bateaux.

La nuit était sombre, le vent soufflait de la mer avec un fracas propice à étouffer le léger clapottement des rames sur le flot tranquille du lac.

Nos bateaux, vigoureusement poussés, arrivèrent sous les murs de Kervégan, sans qu'aucun indice, aucun cri, aucun signe pût nous donner à penser que nous étions signalés. Sur la nuit obscure, le manoir dressait en vigueur sa masse plus noire et plus sombre encore, et il était silencieux et morne comme une demeure depuis longtemps abandonnée.

Mon chaland heurta le premier la dernière marche de l'étroit escalier conduisant à la poterne.

Je mis le pied sur cette marche; deux hommes me suivirent, puis deux autres...

C'était tout ce que pouvait contenir l'escalier : il fallait attendre que la poterne fût enfoncée pour que mes hommes débarquassent.

Je m'armai d'une hache, je la levai sur la porte ; un bruit sourd retentit et la porte céda.

Un simple verrou la fermait.

Elle donnait sur un corridor étroit ; à l'extrémité blanchissaient indécises les dernières marches d'un second escalier.

Escalier et corridor, du reste, étaient déserts et obscurs.

J'entrai, quatre hommes me suivirent, un cinquième s'élança du chaland sur l'escalier, et s'apprêta, le pistolet au poing, à entrer comme nous.

Mais soudain, et comme si elle eût tourné sur des gonds invisibles, la poterne se referma, et, tout aussitôt, s'illuminant de toutes parts, les fenêtres du château qui donnaient sur l'étang vomirent une grêle de balles sur les deux bateaux, qui furent contraints en quelques minutes, sous ce feu terrible, et encombrés de morts et de blessés, de regagner le large à la hâte.

Le bruit de la fusillade me guidant, je m'élançai bravement à la tête de mes quatre hommes; je gravis l'escalier, je pénétrai, au bout de vingt minutes, dans une salle assez vaste, illuminée par des torches, pleine de chouans armés, dont le chef s'écria :

— Rendez-vous ! toute résistance est inutile.

Au lieu de répondre, j'élevai mon pistolet à la hauteur de sa tête : je l'ajustai et fis feu.

Il se baissa, la balle alla briser une glace, en même temps que les chouans ripostaient, et d'une seule décharge me tuaient trois de mes hommes.

J'avais un second pistolet, je le pris à ma ceinture ; je n'eus point le temps d'ajuster ; un chouan, de taille herculéenne, se jeta sur moi au péril de sa propre vie, releva mon bras, et par ce mouvement préserva son chef de l'atteinte de ma balle qui alla se perdre dans une galerie.

Je n'eus pas le temps de tirer mon épée, je fus terrassé, garrotté, et le chef me dit alors avec courtoisie :

— Voulez-vous me donner, monsieur, votre parole de ne faire aucune résistance ?

— Je vous la donne, répondis-je.

Il fit un signe, on me délia.

— Monsieur, continua-t-il, vous êtes libre sur parole dans le château; vous voudrez bien, je l'espère, prendre en patience cette hospitalité un peu forcée...

Il s'arrêta, un triste sourire effleura ses lèvres :

— Vous n'attendrez pas longtemps, ajouta-t-il, nous n'avons plus que huit jours de vivres, heureusement nous avons de la poudre en quantité, et nous tiendrons jusqu'au bout.

Je regardai cet homme qui parlait ainsi sans emphase, naturellement, et je fus frappé de son attitude et de sa physionomie.

C'était un homme de cinquante ans peut-être, vert, les cheveux noirs, à peine argentés çà et là d'un filet blanc, petit de taille, l'œil vif, le front large, admirablement bâti.

Il avait fait son costume de combat d'une veste de chasse, et il ne tenait à la main qu'une carabine à deux coups de fabrique suisse.

A côté de lui étaient deux jeunes gens, l'un de vingt ans peut-être, l'autre en ayant quinze à peine.

C'étaient ses fils.

Tous deux étaient fiers, calmes et graves, ils me regardaient avec indifférence et semblaient ne se point préoccuper de la situation désespérée où se trouverait bientôt le château.

— Monsieur, poursuivit le chef chouan, nous étions à table quand vous nous avez dérangés ; veuillez nous permettre de retourner à la salle à manger et accepter notre souper.

Je fis un mouvement d'étonnement et presque un geste de refus.

— Le comte de Kervégan n'est plus riche, monsieur, reprit-il, mais vous trouverez encore sur sa table du vin, et à l'entour des visages souriants et calmes, malgré la détresse du temps où nous sommes.

L'invitation était cordiale, polie, elle sentait son grand seigneur.

Je m'inclinai.

— Venez, me dit le comte en prenant un flambeau.

Je le suivis, ses deux fils et les chouans fermèrent la marche.

Nous traversâmes un long corridor et nous pénétrâmes dans ce que le comte avait nommé la salle à manger. C'était une vaste pièce éclairée par des torches fichées aux deux côtés de la cheminée.

Une table immense de soixante couverts au moins était dressée au mileu et supportait un repas entamé.

Au haut bout de cette table, une femme belle encore et deux jeunes enfants de huit à dix ans, étaient occupés, quand nous entrâmes, à fabriquer des cartouches.

Le comte me prit par la main et me présenta à la comtesse.

La comtesse s'inclina et me donna sa main à baiser avec une dignité calme; on eût dit que nous nous rencontrions dix ans plus tôt dans les antichambres de Versailles.

Chaque chouan se mit à table et posa à côté de lui ses pistolets.

Le repas fut silencieux et grave sans tristesse.

Tous ces hommes, vassaux ou châtelains, gentilshommes ou paysans, savaient que leurs jours étaient comptés, que la mort était proche, que nul n'échapperait.

Aucun ne fronçait le sourcil, nul n'avait le front empreint de la plus légère angoisse.

C'étaient des héros attendant le martyre.

— Monsieur, dis-je au comte, ému de tant de sang-froid, de bravoure et d'enthousiame, on vous a offert une capitulation honorable, vous l'avez refusée.

— Oui, dit le comte.

— Je suis un simple lieutenant dans les armées républicaines, mais je me fais fort d'obtenir encore cette capitulation, la vie sauve pour vos hommes, des passe-ports pour vous et votre famille.

— Monsieur, répondit gravement le comte, le roi ne m'a point autorisé à capituler.

Cette réponse était sublime.

— Demandez à ces hommes, poursuivit-il, s'ils veulent se rendre, j'y consentirai à une seule condition.

— Laquelle ?

— C'est qu'on m'enverra à l'échafaud sur-le-champ.

Un seul cri répondit :

— Vive le roi !

J'inclinai la tête et me tus.

Lecomte me montra alors ses quatre fils :

Deux, me dit-il, étaient membres de l'association des gentilshommes du poignard. J'ai pris les deux autres dans mes bras, je les ai portés au pied de l'échafaud de mon roi, et ils ont reçu au front comme un baptême sacré une éclaboussure du sang martyr. Comment voulez-vous que des gens tels que nous se rendent ?

. . . .

Le lendemain le château reçut un terrible assaut ; dix chouans moururent à leur poste, le front haut, le sourire sur les lèvres.

Le jour suivant, le fils aîné du comte fut tué et dix autres chouans avec lui.

On porta le malheureux jeune homme dans la chambre de sa mère.

La mère s'agenouilla, récita d'une voix forte les prières des morts, auxquelles répondirent ses jeunes fils, puis elle retourna à ses cartouches.

J'étais libre pendant ce temps, j'allais et venais dans le château, je voyais tomber un à un ces hommes héroïques, je suivais pas à pas le comte et son second fils, qui se multipliaient et combattaient sur tous les points. Le troisième jour il arriva du canon aux assiégeants.

Le comte poussa un soupir.

—Nous tiendrons deux jours de moins, murmura-t-il.

Je lui fis une fois encore l'offre d'une capitulation.

— Monsieur, me dit-il, si jamais vous voyez le roi, soyez assez bon pour lui dire : « Le comte de Kervégan est mort pour vous comme ses pères sont morts pour les vôtres. »

Et, comme un éclair d'enthousiasme passait dans mes yeux, il ajouta simplement :

— C'est une tradition de famille, voilà tout.

L'artillerie était arrivée le soir. On attendit le jour pour en faire usage.

Pendant la nuit le comte me fit appeler.

Je descendis; il était seul avec sa femme et ses trois fils.

— Monsieur, me dit-il, j'ai quelques barils de poudre dans cette tour détachée que vous voyez d'ici au bord de l'étang. Mon intention et celle de la garnison est de nous y faire sauter demain.

Je reculai frissonnant.

— Vous sentez, monsieur, poursuivit le comte, que je ne veux pas, quoique ce soit mon droit, vous comprendre parmi mes soldats. Je ne vous demande en échange de votre vie que la vie de ma femme et de deux de mes fils.

— Mon Dieu! m'écriai-je, la vôtre aussi, celle de tous. Capitulez, monsieur le comte.

— Non, dit-il. Mais un Kervégan est mort déjà, deux autres mourront demain;

il ne faut pas que mes vieux rois n'aient plus de Kervégan à leur droite quand ils rentreront chez eux. Le sort vient de décider quel serait celui de mes fils qui resterait. C'est le plus jeune.

— Par pitié! m'écriai-je, pourquoi ne le point sauver?

— Parce que la barque qui va vous emmener ne peut contenir que quatre personnes.

— Eh bien! je resterai, moi.

Le comte sourit et prit la main de l'un de ses fils.

— Souvenez-vous bien de monsieur, lui dit-il; si la fortune change et que sa vie soit en péril, vous défendrez sa vie au péril de la vôtre.

C'était le plus noble des refus.

Le chaland dont je m'étais servi était au

bas de l'escalier de la poterne. Un vieux domestique tenait les rames. Les adieux de cette famille qui ne devait plus se réunir furent tristes et dignes ; les larmes coulèrent silencieuses, aucun sanglot n'éclata.

La mère embrassa longtemps l'enfant qu'elle laissait et qui devait mourir ; elle l'embrassa sans faiblesse, elle lui parla de martyre.

Je crus voir la mère des Gracques.

Une heure après, la barque filait sur l'étang et abordait, après quelques minutes, une ferme abandonnée.

Là s'évanouirent le stoïque courage des fils, le calme fiévreux de la mère.

Ils se précipitèrent dans les bras les uns des autres, ils sanglotèrent longtemps, l'œil attaché sur le château.

Aux premières lueurs du jour, le ciel, indécis et pâle encore, s'illumina d'un sanglant reflet, un fracas pareil à celui du tonnerre se fit entendre, la terre sembla vomir une pluie de feu contre le ciel...

C'était la tour qui sautait.

Le comte, son fils et ses serviteurs étaient morts pour leur roi. La tour n'existait plus. Le château seul était debout encore.

. . . .

L'Empereur interrompit brusquement son aide-de-camp.

—Ce que je ne comprends pas, murmura-t-il, c'est qu'avec de tels hommes pour soutiens, la monarchie soit tombée.

—Sire, murmura l'aide-de-camp, les derniers Bourbons n'avaient point, comme vous, le génie des batailles, l'auréole de gloire qui fascine; — leur force était dans leur cœur et leur droit, la France a méconnu l'un et l'autre.

— Et, demanda l'Empereur, que sont devenus la comtesse de Kervégan et son fils?

La comtesse gagna l'Espagne à l'aide de passseports que je lui procurai. J'ai su depuis qu'elle était à Hartwell, auprès du comte de Provence, avec le plus âgé de ses fils.

— Et l'autre?

— L'autre sert dans l'armée espagnole.

— Quel âge a-t-il donc?

— Dix-huit ans peut-être.

— Il me faut ces hommes-là, murmura l'Empereur.

Et il retomba dans sa rêverie.

Trois jours après, l'Empereur était en Espagne.

III.

Il était dix heures du soir, Napoléon était dans sa tente, se promenant à pas pressés, selon son habitude, et approchant de temps à autre la pointe de ses bottes d'un feu de bivouac. Il avait à la main un rapport du général en chef qu'il lisait à mesure, tantôt distrait, tantôt attentif.

Tout-à-coup un passage de ce rapport parut le frapper, car il appela aussitôt.

Le même aide-de-camp avec lequel il avait quitté Paris se présenta.

— Faites-moi venir, dit-il, le colonel du 64e de ligne.

L'Empereur fut obéi, le colonel parut peu après.

— Colonel, lui dit l'Empereur, que signifie cette phrase du rapport du général: « Dans une expédition meurtrière contre une guerilla du nord, le colonel du 64e de ligne a été pris, et eût été fusillé sans l'intervention énergique d'un jeune émigré français qui, après avoir quitté le service du roi d'Espagne lors de la déclaration de guerre entre les deux royaumes, s'était retiré dans les montagnes et y vivait isolé.

— Sire, répondit le colonel, ce jeune homme m'a fait un rempart de son corps, et a reçu dix-sept blessures en me défendant.

— Comment cela s'est-il passé? demanda l'Empereur avec brusquerie.

— J'étais égaré avec une dixaine d'hommes du reste de ma colonne. Je fus enveloppé dans une embuscade, on nous fusilla presque à bout portant. C'était dans une gorge étroite, sauvage, où chaque touffe d'arbres, chaque rocher était une bouche à feu qui vomissait la mort.

Je n'eus bientôt plus que quatre hommes autour de moi, quatre hommes blessés, chancelants, n'ayant plus qu'une chose à faire : Bien mourir!

Les guerilleros étaient au nombre de neuf, ils sortirent de leurs retraites. Ils nous entourèrent, tuèrent mes quatre hommes, s'emparèrent de la bride de mon cheval, et l'un d'eux appuya le canon de son espingole sur ma poitrine.

Mais soudain une lueur se fit sur le coteau voisin, je vis l'homme chanceler, son espingole tomber de ses mains avant qu'il eût fait feu, et j'entendis une détonation.

Une balle partie du coteau l'avait tué raide.

En même temps j'entendis une voix qui me criait en français :

— Ne vous rendez pas !

Ce secours inespéré me rendit tout mon sang-froid. D'un coup de pistolet je cassai la tête à l'Espagnol le plus près de moi.

Un second coup de feu parti du coteau en renversa un troisième.

Et je vis alors accourir un jeune homme tête nue, les cheveux au vent, un pistolet de chaque main et un fusil à deux coups, fumant encore, jeté en bandoullière sur son épaule. Je fis faire à mon cheval un saut en arrière, je ralliai ce jeune homme, sans nous parler autrement que du regard, nous nous retranchâmes tous deux derrière un arbre ; je mis pied à terre, mon cheval nous devint un rempart.

Nous fîmes feu quatre fois encore. Trois Espagnols tombèrent ; ils n'étaient plus que trois.

Mais une balle m'atteignit à l'épaule et me renversa. Mon jeune défenseur n'avait plus de poudre, les Espagnols l'entourèrent.

Il me prit mon épée et se défendit vaillamment, si vaillamment même que lorsque je rouvris les yeux, après un évanouissement de quelques minutes, je le vis occupé à bander ma plaie et à la laver avec l'eau d'un ruisseau voisin.

Les trois Espagnols étaient morts. Il avait assommé l'un d'un coup de crosse et crévé la poitrine aux deux autres.

Ma blessure était légère ; je me levai, je voulus le remercier et je lui tendis les mains.

Je m'aperçus alors qu'il était pâle et couvert de sang. Il avait reçu dix-sept coups de couteau catalan. Il n'eut que le temps de presser ma main et il tomba évanoui dans mes bras.

Heureusement la fusillade avait été entendue; une compagnie de carabiniers arrivait au pas de charge. Je fis transporter le courageux jeune homme au camp; ses blessures étaient sans gravité pour la plupart. Il est encore alité, mais les chirurgiens répondent de sa vie

— Où est ce jeune homme? demanda l'empereur.

— Ici près, sire, dans ma tente.

L'empereur fit signe au colonel de lui donner son manteau jeté sur un escabeau; il s'en couvrit et dit :

— Je veux voir ce jeune homme, conduisez-moi.

Le colonel prit une torche et précéda l'empereur.

Le jeune homme dormait.

C'était un enfant de dix-sept à dix-huit ans, blond, imberbe, petit et frêle.

On eut dit une femme.

— Éveillez-le ! ordonna Napoléon.

Le jeune homme ouvrit les yeux et regarda l'Empereur avec étonnement.

— l'Empereur! lui dit tout bas le colonel.

Il se souleva à demi, salua l'Empereur d'une inclination de tête et d'un sourire charmant.

— Mon enfant, dit l'Empereur avec bonté, êtes-vous Français?

— Oui, sire.

— Vous n'appartenez cependant à aucun corps militaire?

— Non, sire.

— Comment se fait-il que vous soyez en Espagne?

— Je servais dans les gardes du roi.

— Et, fit l'Empereur fronçant le sourcil, vous combattiez contre votre pays?

— Non, sire, j'ai quitté le service du

roi d'Espagne le jour où la paix a été rompue.

— Pourquoi ne rentrez-vous pas en France?

— Je suis émigré, sire.

— Si jeune?

— J'ai quitté la France à six ans.

— Eh bien! dit l'Empereur, je vous ferai rayer de la liste de l'émigration.

— C'est inutile, sire, merci.

— Pourquoi cela, monsieur.

Le jeune homme hésita.

— Sire, dit-il, à Dieu ne plaise que j'aie l'intention de vous offenser. Je vous admire comme capitaine, je vous aime pour la gloire que vous donnez à mon pays...

— Eh bien?

— Eh bien! sire, j'avais trois frères.

Deux sont morts en Vendée pour le roi...

L'Empereur tressaillit.

— Comment vous nommez-vous? demanda-t-il vivement.

— Max de Kervégan, sire.

— C'est votre père qui s'est fait sauté, n'est-ce pas?

— Oui sire.

Napoléon devint pensif.

— Où sont madame votre mère et votre frère?

— En Angleterre, sire, près du roi.

— Sont-ils riches?

— On ne l'est jamais en exil.

— Eh bien! dit Napoléon, si je rendais ses biens à madame votre mère, si je la rappelais en France, si je donnais un brevet de colonel à votre frère, une lieutenance à vous...

— Sire, dit le jeune homme d'une voix respectueuse mais ferme, tout notre sang est au roi.

Un mouvement d'impatience se peignit sur les traits de l'Empereur.

— Vous oubliez votre pays, monsieur, dit-il brusquement.

Max baissa la tête.

— C'est juste, murmura-t-il.

— Je crois le règne de la famille de Bourbon terminé, reprit l'Empereur, je regarde ma dynastie comme à jamais fondée, — mais nul plus que moi ne respecte le culte des souvenirs Je comprends, j'approuve votre fidélité. Mais, monsieur, avant le roi, avant l'empereur, il y a le pays. Ce pays a besoin de votre sang et le réclame. Voulez-vous le servir ?

Max hésitait.

— Tenez, dit l'Empereur, si jamais le vent de la fortune est aux Bourbons, vous serez libre d'aller à eux. Je n'exige de vous aucun serment de fidélité.

Max hésitait encore.

— Allons, monsieur, dit l'Empereur, décidez-vous. Vous êtes brave, vous portez un vieux nom, la France a besoin de vous.

— Eh bien! sire, fit le jeune homme, faites-moi inscrire comme simple soldat sur les matrices d'un régiment.

— Pourquoi simple soldat?

— Parce que je veux servir mon pays, rien de plus.

— Vous serez dans mes pages, répondit l'Empereur.

Et comme une nouvelle hésitation se

peignait sur le visage du jeune Kervégan, Napoléon ajouta :

— Si jamais Dieu rend le trône aux Bourbons, j'écrirai moi-même au roi Louis XVIII que je n'ai vaincu vos scrupules qu'avec le nom sacré de la patrie.

Max de Kervégan servit un an dans les pages, puis il fut contraint de passer dans la garde impériale, où il devint capitaine.

L'Empereur le traîna à sa suite sur le Rhin, en Allemagne, aux bords glacés de la Bérésina.

Partout le fils du héros vendéen fit noblement son devoir. Partout son oreille et son regard se tendirent vers l'horizon où ses vieux rois mangeaient le pain de l'exil. Fidèle à la France et aux rois de ses pères, il ne considérait Napoléon que comme le chef provisoire de cette grande nation ;

l'homme choisi par Dieu pour laver avec des flots de gloire les turpitudes sanglantes de la Terreur.

Napoléon s'efforça vainement de s'attacher le cœur du fier jeune homme, il ne gagna jamais que son épée.

IV.

Dix ans s'écoulèrent.

Aux jours de gloire, les revers avaient succédé; la retraite de Russie avait commencé les désastres, la campagne de France les achevait.

Napoléon était retranché à Fontainebleau, entouré de quelques mille hommes à peine, débris de sa garde impériale.

Les alliés occupaient Paris, et c'était en vain que Macdonald et Caulaincourt avaient élevé la voix, dans le conseil de monarques tenu chez Talleyrand, en faveur de la régence et de la dynastie de Bonaparte. M. de Talleyrand avait tranché la question d'un seul mot, en disant à l'empereur Alexandre : « Sire, tout ce qui n'est pas Napoléon ou Louis XVIII est une intrigue. Napoléon est devenu impossible. »

Louis XVIII quittait donc Hartweld pour Paris ; Napoléon, au contraire, s'apprêtait à partir pour l'île d'Elbe. Ce fut une grande et honteuse défection que celle de ce jour du départ.

Tous ces hommes élevés par lui, grandis par lui, tirés par lui de la fange l'abandonnèrent lâchement, pressés qu'ils étaient d'aller saluer le nouveau soleil.

Pendant la matinée, l'empereur se promena solitaire dans un coin du parc d'où il put entendre s'éloigner les chaises de poste de sa maison militaire. Les plus serviles de la veille étaient les plus hardis et les plus pressés le lendemain.

L'Empereur rentra vers midi de sa promenade fébrile à travers le parc.

Le château de François 1er était presque désert. Çà et là seulement on voyait un soldat de la garde pleurant silencieux dans un angle de la croisée.

Les grosses épaulettes, les grands dignitaires avaient disparu. Ils couraient sur la route de Paris; ils entouraient le jour suivant le trône du roi.

Napoléon traversa plusieurs salles précipitamment. Ses valets de chambre préparaient son départ; les berlines de voyage étaient prêtes.

Le maréchal Bertrand inscrivait les noms de tous ceux qui voulaient partager l'exil de leur Empereur, et le nombre en était grand.

Tout-à-coup un jeune homme croisa l'Empereur et s'arrêta respectueusement devant lui.

Il était pâle et triste dans son uniforme de capitaine des hussards noirs: son œil noir était humide, son geste saccadé.

L'Empereur tressaillit à sa vue.

— Ah! dit-il, c'est vous, Kervégan?

— Oui, sire.

Un sourire amer effleura les lèvres de Napoléon.

— Je sais ce que vous venez me demander, dit-il. Vous ne m'aimiez pas, vous; vous étiez attaché aux Bourbons dès votre naissance; vous n'avez servi en moi que le pays; le pays passe en d'autres destinées, vous retournez à vos maîtres : c'est tout simple.

Seulement, vous, vous prenez congé, vous venez à moi, fier et triste, comme vous le fûtes toujours... Les autres, ceux que j'ai comblés d'honneur, de dignité, de gloire, partent sans même daigner me saluer. Adieu, Kervégan, et merci !

L'Empereur tendit la main au jeune homme. Mais, au lieu de presser cette main, il la porta à ses lèvres et répondit :

— Vous vous êtes trompé, sire; je ne viens pas prendre congé.

— Ah! fit l'Empereur tressaillant. Que voulez-vous alors?

— Sire, mon frère aîné et ma mère sont auprès du roi. Le nom de Kervégan sera porté à la cour, c'est tout ce qu'il faut; je n'ai nul besoin d'y aller.

— Et où allez-vous donc? demanda l'Empereur.

— A l'île d'Elbe, sire; je viens vous supplier de me permettre de vous y suivre.

Un cri échappa à l'Empereur.

— Quels hommes! murmura-t-il

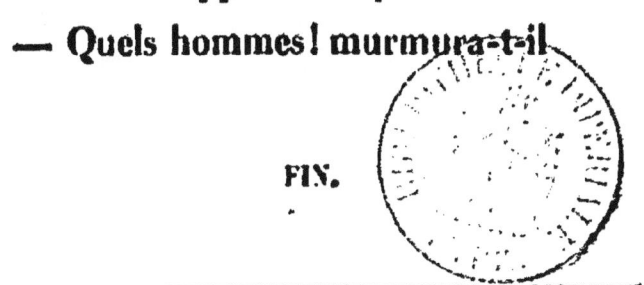

FIN.

A LA MÊME LIBRAIRIE, EN VENTE.

NOUVEAUTÉS :

LES AMOURS DE BUSSY-RABUTIN,

Par Madame la Comtesse Dash,

Revue piquante de la première moitié du dix-septième siècle, élégant reflet des Conteurs de Cape et d'Épée de la place Royale ou de la Chambre bleue d'Arthénice (roman complet en 4 volumes in-8°). — PRIX NET : 15 fr.

FRANCINE DE PLAINVILLE,

Est une de ces études de la vie intime et de bonne compagnie, comme Madame Camille Bodin seule a le secret de les tracer.

Ouvrage complet, en 3 volumes in-8; — PRIX NET : 12 fr.

LA TULIPE NOIRE,

D'Alexandre Dumas père,

Renferme un des récits les plus drolatiques, les plus poétiques et les plus attendrissants à la fois qu'ait jamais commis la plume de notre grand romancier.

Ouvrage complet, en 3 volumes in-8; — PRIX NET : 13 fr. 50 c.

JEAN ET JEANNETTE,

De Théophile Gautier,

C'est-à-dire Watteau, Boucher et Crébillon fils; les Bergères à chignons poudrés et les Bergers en chemises de batiste, les talons rouges, les camaïeux, les glaces dauphines : en un mot, le dix-huitième siècle dans sa plus coquette afféterie, dans sa toilette la plus mignonne, et par-dessus tout cela, ce tour naïf, ce style brillant, cette allure primesautière de l'esprit qui ont conquis à M. Théophile Gautier une place si élevée parmi les littérateurs contemporains.

Ouvrage complet, en 2 volumes in-8; — PRIX : 9 fr.

LES DEUX FAVORITES,

SUITE ET FIN

D'ÉSAÜ LE LÉPREUX, par Emmanuel GONZALES,

Cet habile et dramatique Walter-Scott des Chroniques espagnoles.

Ouvrage complet, en 3 volumes in-8; — PRIX : 13 fr. 50 c.

Paris. Imp. de Paul Dupont, rue de Grenelle-St-Honoré, 45.

www.ingramcontent.com/pod-product-compliance
Lightning Source LLC
Chambersburg PA
CBHW060409170426
43199CB00013B/2061